中小企業法制と競争・調整の原理

中小企業法と大規模小売店舗立地規制

大野 正道 著
OHNO Masamichi

同友館

はしがき

本書は、中小企業法制に関する理論的な考察として、経済法学における独占禁止法が唱える競争原理と大規模小売店舗法（現行法では大規模小売店舗立地法に改められている。）が目指す調整原理がはたして抵触するものであるかについて、我が国におけるあるべき小売商業調整政策の視点をも交えて検討するものである。

中小企業に関する学術研究は、経営学や経済学による研究がほとんどであり、法律学の見地からする研究は皆無と言って過言ではない状況にある。ましてや法律学と商学との交錯領域である「事業分野調整」、具体的には「大規模小売店舗法」および「中小企業事業分野調整法」を巡る議論は、昭和五二年の法律制定時にはさかんに展開されたが現在ではまったく論じられていない。

本書はその意味では学界ではもはや忘れ去れようとしている本質的に重要な問題について、長い空白期間の後に再び焦点を当てるものとも言えよう。我が国において「中小企業法」という研究領域を確立しようと思うならば、その原点は事業分野調整（商業分野・工業分野）において競争原理と調整原理が抵触しているか否かの解明にあることを本書の読者の皆様に是非御理解いただきたい。また、所収されている諸論文は法律制定の可否に関する様々な見解の検討に及んでおり、やや古いものもあることに御理解いただきたい。

なお、小売商業の分野を主としているため、商品の価格に関する独禁法上の問題点である「カルテル」および「不当廉売」についても検討しているが、これらは本書の主たる論点ではないことを注記しておきたい。

最後に、本書に所収された論文の初出を明示しておく。序章と第2章は、平成八年二月一日から平成九年七月一日まで『税と経営』㈱税経刊行）に連載したものから選択した。第1章は、商工金融第44巻5号3頁（平成六年五月）、第3章は、富大経済論集第33巻3号333頁（昭和六三年三月）、第4章は富大経済論集第25巻2号144頁（昭和五四年一一月）、第4章補論は、平成4年度重要判例解説ジュリ1024号243頁（平成五年六月）、第5章は、富大経済論集第27巻3号24頁（昭和五七年三月）、第6章は、『中小企業と組合』第51巻12号4頁（平成八年一二月）・第52巻2号4頁（平成九年二月）である。

なお、参考のために内橋克人氏との対談（「調整原理の視点を欠く大店法改廃論」）を収録しているが、これは、岩波書店の発行する月刊誌『世界』一九九七年三月号に掲載されたものであり、本書の理解の参考になると思われたので巻末に掲げておいた。
最後に、本書の出版について快く引き受けいただいた同友館の脇坂康弘社長および編集の労をお取り下さった佐藤文彦氏には深く感謝申し上げる。

平成二四年八月

金沢の自宅にて

大野　正道

目次

序章　経済法の基礎

第一節　企業の営利性と公共性

1　企業の経済的機能

我が国の商法は、平成一七年改正前までは会社を営利社団（商五二条一項）とし、また、これを法人（商五四条一項）としていた。そして、営利社団法人としての会社について、商法第二編（会社編）において様々な規制をしていた。これは法律的な側面から、企業を分析するものといえる。平成一七年に制定された「会社法」も同様な規制をしている。

これに対して、企業を経済的な側面から分析することができるが、そのような分析は経済活動にかかわる者にとって、重要な意味を持っている。ここでは、経済法の理解のために、企業とは如何なる存在であるか、深く検討することとする。

企業とは、簡単に定義すると、資本と労力を結合させて、利潤の獲得をめざす人的および物的主体である、ということができる。企業がその行動規範として、利潤最大化仮説によって活動するか、それとも売上高極大化仮説によって活動するか疑念があるが、より多くの資本と労力を調達し、企業規模の拡大を目指すという点で、最適企業規模の達成を目的にしていると考える。

この点は個人的立場（企業家あるいは資本家）からみた企業の経済的機能だが、企業の社会的立場からみた経済的機能の検討も重要である。すなわち、企業は資本家個人の私的な営利目的を超えた社会的な使命を持っているかもしれないからである。たとえば、ドイツのラテナウは「企業それ自体」（Unternehmen an sich）という理論を唱え、資本家個人の利害を超えた企業自体の利益が存在すると主張した。残念にもラテナウの思想は後に台頭するナチスの指導者原理への歪曲のため、今日の段階では、その評価は低い。

現在では、「会社をめぐる世界」（corporate universe）という概念が広範囲に受け入れられている。会社法の前提では、株主が企業の構成員であり所有者であるという社員権理論が通説だが、企業は様々な次元で外部世界と接触を持っている。たとえば、会社債権者、従業員、地域住民、地方自治体、国家等である。そして、企業とこれらの主体をつなぐ理論的根拠が、市場経済における「外部効果」や「近隣効果」を市場内化しようとする公共経済学である。企業の得る成果は、すべてが企業自身に発するものではない。ましてや、株主の出資した元手（資本）に総ての経済的成果が還元できるものではありえない。

たとえば、企業の立地には道路網、電信電話、港湾、空港等のインフラストラクチャアの形成が欠かせない。そのために、国家の財政・金融政策が企業のために活用・発動されている。したがって、企業は一つの経済的な「公器」としての性格を持っていることを否定できない。まさに、企業の経営者は、株主の受託者だけでなく、社会全体に対しても受託者の地位にあるわけである。

2　営利性と公共性の関係

このように考えてくると、商法の定める企業の「営利性」と現実の経済社会における企業の「公共性」はどのように折り合いをつけるべきかが問題になる。

商法は企業に関する私法（企業法）であり、契約の自由と私的自治の原則が支配する法領域である。したがって、商法それ自体としては、個体間（株主や会社債権者など）の利益の調整を目的とする。

それに対して、企業の公的側面を取り扱う公私混合法として「経済法」という法領域がある。経済法学者の金沢良雄教授は、経済法について、市民社会における具体的な社会調和的要求を満たすために、一定の政策的意図のもとに、国民経済的立場から調整を図るものである、と定義されている。

企業の「営利性」と「公共性」について論ずる際には、ミクロ的な視点とマクロ的な視点の複眼的な考察が要求される。まず、近代市民社会における企業の営利性は、営利追求の自由、すなわち自由企業体制の容認として理解される。近代市民法（民商法とりわけ会社法）は、この自由企業体制を法的に確立したものに他ならない。すなわち、市民法は、自由企業体制を成り立たせるための法的秩序を意味する。

そして、営利の追求を通じて、経済全体の繁栄がもたらされるという点では、企業の「公共性」が、「営利性」の背後に予定されていた。有名なアダム・スミスの「神の見えざる手」がそれに該当する。すなわち、企業における公共性は、法の意識にはのぼらず、市民法の自動的反射効果として予定されていたにすぎないのであり、法的にはまったくの空白状態であった、と言える。

しかし、資本主義経済の高度化に伴い様々な矛盾の存在が明らかとなった。いままで潜在化されていた「公共性」を顕在化するための要求が、従来の法的空白状態を充たすべき新たな実定法の登場を促し、社会調和的要求を満たす国家の経済に対する干渉の法が「国家の見える手」として登場したのであり、ここに「経済法」という一群の法領域の発生・発展をみるわけである。

3　現代経済社会の法秩序

この点についてまとめると、近代市民法における公共的な側面は、「見えざる手」による調和と繁栄がもたらされるとして、法的には空白状態であり、市場の自動的調節作用に委ねられた予定調和の世界であって、宗教的には理神論が前提となっていた。

しかし、資本主義経済の発展過程で生ずる現実的な社会調和的要求を充たすためには、この法的空白状態を満たす必要が生じ、ここに国家の干渉を必要とする段階に至る。社会調和的要求は、「見えざる手」としての市場法則によって最早達成されず、現実の「国家の見える手」によって満たされなければならないのであって、それは、経済的には総資本＝国民経済的立場からの国家の経済政策として現れてくる。

経済法は、近代市民法によって残されていた法的空白状態を補うためのものであり、市民社会の私的側面に対して、そこに内蔵されていたと考えられる公共的（社会的）側面に関する法であり、このような本質のうえに、経済的＝社会調和的要求に応ずるもの、すなわち、主として、経済循環に関連して生ずる矛盾・困難（市民法による自動的調節作用の限界）を、社会調和的に解決するためのものとして理解される。換言すれば、経済法は、資本主義社会において、それぞれの経済的＝社会調和的要求を、「国家の手」（「神の見えざる手」の代り）によって満たすための法といえる。

4　私悪と公共善の関係

近代市民社会の成立当初、「営利性」のなかに「公共性」が埋没していたため、マンデヴィルの「私人の悪徳は公共の善」というように、利己的人間感が矛盾なく受け止められている。たとえば、パン屋は、パンを売ってもうけるためにパンを焼くのであり、それを寄付するために作っているのではない。このように、営利追求という私悪（?）を行うことによって、社会全体の公共善が満たされることになる。

アダム・スミスは、このようなマンデヴィルの思想を批判的に摂取して自己の思想を確立した。彼の初期の作品である「道徳情操論」の利他心と後期の作品である「諸国民の富」の利己心は矛盾するというのが一九世紀のドイツで論じられた「アダム・スミス問題」だが、この点は、道徳情操論における「同感の原理」を正しく把握しなかったため生じた論争であると思われる。

アダム・スミスの同感（sympathy）の原理は、正義の観念として、境遇の交換を行い、事情に精通した公平なる観察者が是認できることを挙げている。したがって、野放しの利己心の発動ではなく、自制と正義によって規制された行動を是とするものである。

ただ、彼は理神論的世界観の持主であり、予定調和の世界に生きていたことを忘れることはできない。人々の私益（私利）追求の努力が、神の見えざる手に導かれて、意識せずして社会の福祉を実現するという。

問題は、資本主義が高度化した現在では、「見えざる手」に社会の厚生の調整を委ねることがもはやできないということである。国家の意識的な私人の経済活動に対する干渉・介入が必然化している。もはや単純なる経済社会とその秩序を維持することはできない。積極的な市場経済への干渉が要望されている。もっとも、国家が全面的に私的企業に取って代わるものでないことも、ロシアの経験が教えている。

第二節　経済憲法としての独占禁止法

1　独占禁止法の目的

企業取引を行う際には、経済活動の根本原則を定めている独占禁止法の諸規定に反しないようにしなければならない。独占禁止法は、独占禁止政策の実現を目的とする法律であり、その目的は第一条に規定されている。

すなわち、「この法律は、私的独占、不当な取引制限及び不公正な取引を禁止し、事業支配力の過度の集中を防止して、結合、協定等の方法による生産、販売、価格、技術等の不当な制限その他一切の事業活動の不当な拘束を排除することにより、公正且つ自由な競争を促進し、事業者の創意を発揮させ、事業活動を盛んにし、雇傭及び国民所得の水準を高め、以て、一般消費者の利益を確保するとともに、国民経済の民主的で健全な発達を促進することを目的とする」旨が定められている。

本条を読解すると、「事業活動の不当な拘束を排除することにより、」までが前段であり、独占禁止法の規制内容を示している。次いで、「公正且つ自由な競争を促進し、……」以下が独占禁止法の規制によって期待される効果を列挙している。

2　目的条項前段の意義

前段は独占禁止政策の内容を明らかにしたものであるが、その内容を二つに分割することができる。第一段は、「事業支配力の過度の集中を防止して、」までであり、独禁法の規制を受ける行為態様の代表的なものを掲げている。私的独占及び不当な取引制限については第二章（第三条―第七条の二）で定められており、不公正な取引方法については第五章（第九条―第二〇条の七）に定められている。この私的独占・不当な取引制限および不公正な取引方法の規制は、独占禁止政策を支える三本の柱と称されており、その他の規定は、三本の柱に対する補完的な地位にある。

また、これらの法規制は、企業の市場における活動を規制する行為規制に該当し、市場における「事業者」の行為の面から自由な競争秩序を維持するための中核的な役割を果たしている。

これに対して、「事業支配力の過度の集中を防止して」の部分に該当する規定については、規制の仕方について変遷がある。昭和二二年に制定された原始独禁法の二条五項は「不当な事業能力の較差」について定義規定を設けており、八条でその排除を定めている。この不当な事業能力の較差に対する規制は、企業規模や市場占有力の大きさそのものを規制の対象としていたのであり、私的独占の禁止規定をもってしても規制できない場合においても、独禁法の規制を及ぼすための「強力な武器」であった。しかしながら、昭和二八年の改正で原始八条が削除され、いったんは目的条項と対応する規定を失うことになった。

それにもかかわらず、一条の目的条項における「事業支配力の過度の集中を防止して」という文言が削除されなかったことは、独占禁止法における「構造規制」への志向がここに象徴されていたためであろう、と推測されていた。構造規制とは企業の市場における行為を対象として規制するものではなく、市場の寡占という市場構造そのものについて規制の対象を及ぼすものである。そして、昭和五二年の改正で、第三章の二「独占的状態」に関する措置（第八条の四）が新設され、再び市場構造規制として事業能力の不当な較差に対処する規定を持つことになった。

この新規定は、三本の柱に対して補完的地位にあるというよりも、より一層根元的な性格を持つ存在として理解されるべきであろう。

次いで、第二段は、不当な取引制限および不公正な取引方法の禁止に関する具体的な規制内容を要約したものである。結合、協定等の方法による生産、販売、価格、技術等の不当な制限は例示であり、次に「その他……」と続くように、独占禁止法の規制は、要するに「一切の事業活動の不当な拘束を排除すること」を目的にしている。「排除」という用語は、独占禁止法の禁止規定の効果として、それらの行為が市場において行われなくなることが期待されるばかりではなく、違反行為があったと認定される場合には、独禁法の施行機関である公正取引委員会の排除措置命令（第七条）によって、違法状態の除去が行われることとなっていることにも対応している。

3　目的条項後段の意義

目的条項（第一条）の後段は、三つに分けることができる。第一段は、「公正且つ自由な競争を促進し」という部分であり、前段で説明した法的規制によって直接的に期待できる効果を指摘している。

ここで使用されている「公正且つ自由な競争」の意義については、以下のように解題することができる。

まず、競争が自由に行われること、つまり自由競争が前提となる。そのポイントは、市場が開放されていること、言い換えると、いかなる経済主体がいかなる種類の事業をいかなる場所で営もうとも、これに対して、どのようなものであっても他からのなんらかの人為的制約も加えられないことである。すなわち、市場参入の自由であり、営業の自由として憲法二二条において基本的人権とされている。

したがって、独占企業が市場を支配し、新規開業者の進出を困難ならしめたり、取引の共同拒絶（ボイコット）により、その対象となる事業者を市場から排除するようなことは、自由競争を妨げる行為であるとして、独占禁止法によって排除される。

また、競争関係にある者の間における競争が自由に行われていることも、自由競争にとって重要なことである。したがって、競争を回避するための共同行為（カルテル）は、このような観点から、自由な競争を妨げる行為ということになる。言い換えると、各経済主体が、自己に最も有利な取引条件を提供する相手方を取引先として選択しうるということであり、財産権の保障として憲法二九条で保護されている。

次いで、競争が公正に行われていること、つまり公正競争の条件を満たしていることも必要である。

公正競争とは、競争が事業上のメリットに基づいて行われているということ、言い換えると、良質廉価な商品または役務の提供ということが重要であり、いわゆる能率競争を中心として競争が行われるべきことを意味する。

したがって、事業者間に能率競争以外の力が加えられるということは、公共競争の原則に反することになる。

これまでの説明を要約すると、市場における事業者の競争は、公開、自由、公正の三原則に基づいて行われることが必要である。私的独占、不当な取引制限、不公正な取引方法は、これらの原則のいずれかに反するが故に違法とされる。

第二段、すなわち「事業者の創意を発揮させ、事業活動を盛んにし、雇傭及び国民実所得の水準を高め、」の部分は、公正かつ自由な競争の促進によって期待される間接的な効果を記述したものであり、独占禁止法の目的とする独占禁止政策の意義ないし価値を明らかにしたものである。公正かつ自由な競争が促進されると、競争に勝ち、あるいは競争から脱落することを免れるために、事業者は創意を発揮し工夫をこらして良質廉価な商品の提供に努力する。そのため、価格の低廉化、品質の向上、および技術革新と経営の合理化を促進し、国民経済全体としては、需要と生産の規模が拡大することになり、それに応じて雇傭も増大するとともに国民の実所得の水準も向上するであろうことが期待される。

最後に、「以て、」以下の第三段は、第一段および第二段の効果を通じて期待される究極的な効果をうたっている。すなわち、公正かつ自由な競争が確保されると、一般消費者の利益が確保されるともに、国民経済の民主的で健全な発達が促進されることになる。ここでは、一般消費者の利益となるような経済政策こそが民主主義という政治体制の原則に合致し、消費者主権（国民主権）のもと、公共の福祉を実現するものであるとの理念が示されている。

このように検討してみると、独占禁止法の最大の目的は、一般消費者の利益と結びついた望ましい市場成果を、競争政策を通じて実現するところにあり、独占禁止政策の究極的目標が国民の経済的福祉の増大にあることを明らかにしている。この意味で、独占禁止法は、法体系上は一個の法律にしかすぎないが、「経済憲法」と称され、経済政策の重要な指針となっている。

第1章　中小企業法制の理論的基礎
―競争原理と調整原理は抵触するか―

第一節　経済法の本質

現代の経済社会を規律する法律として、民法および商法を中核とする近代市民法に加えて、独占禁止法を代表とする経済法と称する一群の法律が重要となっている。すなわち、現代の経済社会における法秩序は、自由主義経済の法としての市民法（民商法）を基礎としながらも、経済活動に対する国家の各種の干渉の法より成り立っている。経済活動に対する国家の干渉の法は、市民法の本質に内在する特性から要求される。

近代私法としての市民法は、人格の自由、所有の自由および契約の自由などの私的自治を法的に確保するものであり、自由主義経済の法として、国家権力からの自由、すなわち自由放任＝レッセフェール（laissez-faire）を標語とする。市民法は、個人主義的法秩序を意図し、国家は「夜警国家」として消極的に社会に干渉するに止まる。それは予定調和の世界であって、市場メカニズムが自動的調節作用として機能する。したがって、近代市民社会が要求する法秩序は、各個の市民の自由を確保するための市民法をもって足り、市民社会の公共的側面は、「神の見えざる手」、つまり経済法則にゆだねられ、社会の調和と繁栄が達成される、と考えられていた。なお、アダム・スミスの念頭にあったのは、古代ローマで信仰されていた神々であって、キリスト教における絶対神、すなわちイエス・キリストではないことに注意を要する。

このように、社会全体の調和と繁栄は、経済法則にゆだねられたため、この面については、現象的には、法的空白状態となっていた。しかし、経済活動の発展過程において、予定調和の世界が崩壊し、現実に生じた社会的困難を回避するためには、この法的空白状態を埋める必要が生じてきた。高度資本主義社会における社会調和的要求は、市民法が等閑視していた側面での法的空白状態を満たすために、経済活動に対する国家の干渉を必要とする。社会的な調和を達成するためには、もはや「神の見えざる手」にゆだねるのではなく、「国家の手」によって現実に満たされるのであり、それは、経済的には、国民経済的見地からのマクロ経済政策として、また、法制的には、各種の国家の経済法制として現われる。

この経済的＝社会調和的要求は、様々な現われ方をするが、法制的には、市民法を基礎としながらも、これに対して特色を持っている。それは、市民法においては残されていた法的空白状態を補うためのものであり、市民社会の私的側面に対して、そこに内臓されていたはずである社会的（公共的）側面に関する法だからである。ここに、経済法の本質的なものを理解しうる。金沢良雄教授は、「経済法は、このような本質のうえに、経済的＝社会調和的要求に応ずるもの、すなわち、主として、経済循環に関連して生ずる矛盾・困難（市民法による自動的調節作用の限界）を、社会調和的に解決するためのものとして理解しうるであろう。換言すれば、経済法は、資本主義社会において、それぞれの経済的＝社会調和的要求を、「国家の手」（見えざる手の代りに）によって満たすための法といえよう」と述べられている。また、江上勲教授は、「経済法は、資本主義体制を否定するものではなく、反対に、資本主義を維持するために、これに必要な修正を加えようとするものである。かくして、経済法は、ある意味では、形骸化した市民法上の自由と平等を実質的に回復しようとするものであり、市民法が古典的自由主義経済の法であるとすれば、経済法は新自由主義経済の法であるともいえる。また、いわゆる夜警国家から福祉国家への移行の法制的表現であるといってもよいであろう」とされている。

このような「社会調和的要求の実現」を図るのが経済法の本質であるとする学説に対して、経済法学者として有力となりつつある今村成和教授は、経済法とは、独占段階における資本主義経済体制維持のための経済政策立法として特質づけられるとし、「社会調和の実現」は支配者のイデオロギーに密着したものであるとして、強く非難されている。今村説の信奉者も多数存在するが、私見では、金沢教授や江上教授の学説のほうが穏当であり、そのような趣旨に沿って経済法の本質を把握すべきであると考える。

第二節　競争原理と調整原理

経済法の中心に位置するのが独占禁止法である。独禁法は、第一条で、その目的を、公正かつ自由な競争を促進し、もって一般消費者の利益を確保するとともに、国民経済の民主的で健全な発展を促進することと定めている。このうちで最も肝要な部分は、公正かつ自由な競争を促進する「競争政策」あるいは「競争原理」にある、と理解されている。

しかるに、昭和五〇年代前半において、一見すると独禁法の前提としている競争原理に違背するが如く思われる法律が、中小企業を保護するために立法化された。特に学界において議論の対象とされたのは、大規模小売店舗法（正確には、「大規模小売店舗における小売業の事業活動の調整に関する法律」であるが、以下では大店法と略称する）と分野調整法（正確には、「中小企業の事業活動の機会の確保のための大企業者の事業活動の調整に関する法律」であるが、以下では分調法と略称する）である。大店法や分調法の規定する中小小売業や中小企業の事業活動の機会を適正に確保するための「調整」が、他方で独禁法の規定する「自由競争の原理」に抵触するおそれのある新規参入規制と解される余地が多分にあるためであった。

しかし、経済法学の研究者として、特に中小企業法の専門家である私としては、大店法や分調法は、多くの学者が指摘したように、決して独禁法の精神である「自由競争原理」に違背するものではなく、かえって競争原理を補完する別の原理を包摂することによって、独禁法の不備を補完する法律であると考えており、この点を本論稿において立証しようと思っている。

独禁法の前提とする自由競争原理は、自由主義経済ないし市場経済において、達成されるべきことが望ましいが、その反面で、社会と絶えず激しく衝突を繰り返すおそれがある。社会にとって何よりも耐え難いのは、従来まで安定していた社会的統合が崩壊に瀕する事態が発生することである。ここに、社会の安定を防衛するためには、競争原理とは一見対立するものの如く思われる社会性原理（あるいは人間性原理）に支えられてこそ、競争原理の本来的作用も万全に働きうるとする新自由主義の思想が生じうるのである。既に述べたように、経済法の本質は国家の手による社会調和の実現にある。自由主義経済における競争の苛烈さが市民社会を解体に導くおそれがある場合には、国家の干渉により競争をコントロールすることが必要であり、これが「調整」という手段を用いることを正当化する。経済法という学問領域においても、競争原理だけの一元論よりも、競争原理と調整原理の相互補完的な二元論のほうが妥当であり、実際の経済社会の分析においても、より建設的な成果が得られると思う。

市場経済において、競争原理は経済活動の発展をもたらすのであるが、他面で、社会は安定していてこそその真価を発揮しうるものである。したがって、自由競争の過度の展開が社会的統合を破壊するおそれがある場合には、社会性=人間性原理が作動するのであり、小売商業調整や事業分野調整の場合がその典型例である。小売商業調整や事業分野調整は自由競争原理を決して排斥するものではなくて、その有効性を増すためにこそかえって実施されるわけである。競争政策は、その意味では、経済政策の一環としての中小企業政策の裏打ちを必要とする。ここでの中小企業政策とは、産業構造政策としての中小企業政策ではなくて、企業規模構造政策としての中小企業政策である。また企業規模構造政策としての中小企業政策は、中産階層政策の一環としても展開される必要がある。

現代において社会的統合を維持するためには、後述するように、中間階層の維持育成こそが最も肝要であり、中産階層政策としての企業規模構造政策が我が国でこれまで充分に論じてこられなかったことが、競争政策と調整政策（小売商業調整ないし事業分野調整）に関する議論を貧弱にしてきたのであり、また、その結論が不鮮明のまま今日に至っている最大の原因のように思われる。本論稿では、企業規模構造政策という視点を導入することで、独禁法（競争原理）と大店法・分調法（調整原理）の抵触に関する疑問点を、できる限り明瞭に考察するつもりである。次に、この問題に関する当時の学説を概観しておく。

第三節　学説の検討

大店法および分調法は、中小小売業ないし中小企業の事業活動を適正に確保するために、大規模小売店舗における小売業の事業活動ないし大企業者の事業活動を調整することを、それぞれ目的条項である第一条で定めている。この大店法および分調法の定める調整原理と独禁法の定める競争原理が抵触するものであるか否かについて、以下で取り上げるように様々な見解が示された。立法時における議論であるために今日では意味を持たない部分もあろうが、中小企業法制の理論的基礎または中小企業法制の理念を考察する際には今日でも十分に意義を有すると思う。

立法当時において、一般に、独禁法の目的は、自由競争経済秩序の維持を図ることにあると考えられていた（今村成和『独占禁止法・新版』五頁参照）ため、大店法と分調法が独禁法の精神とは異質な要素を含んでいるのではないかという疑念が生じた。この点に関する疑念は、大店法か分調法かを問わず提起されたのであり、以下の論述においては、大店法をめぐる議論であるか、それとも分調法をめぐる議論であるかを、特に明示しないこともあるので注意されたい。

独禁法と大店法・分調法との関係について、第一の見解は、産業組織論に基づく正統的なアプローチからは緊急避難的な措置と考えざるを得ないとする松下満雄教授の見解である（松下教授の見解は次の諸論文に窺われる。「中小企業の分野調整と競争原理」経済法二二号一〇頁、「中小企業分野調整法の法律問題」ジュリスト六二三号四〇頁、「中小企業事業分野調整法について」ジュリスト六四四号五五頁）。松下教授は、事業活動の調整は競争原理の立場からすれば、原理的にはアンチテーゼである、と断ぜられる。経済秩序の根本は競争原理にあるが、競争原理ないし市場原理を完全な形で貫徹させる場合には、社会的摩擦が生ずることがある。純粋な能率競争の結果として、中小企業が打撃を受けることは止むを得ぬことであるが、大量の失業や倒産が生ずるのは好ましいことではない。そこで、中小企業に対しては、体質改善措置を講ずるか、または他業種に転換するための各種の援助措置を実施すべきであるが、それらが効果を発生するまでの間の緊急避難措置として、大店法や分調法を活用することを主張される。但し、緊急避難法であるから、勧告または命令は暫定措置であるべきであり、この勧告または命令の有効期限を限定すべきであるとされ、その有効期間においても、できれば漸減方式をとるべきであるとされる。

松下教授としては、中小企業が大企業では製造できない製品（一定の高級品等手工業を多く必要とし自動化が行いにくい製品）分野に進出するような施策を講ずるべきとされる。しかしながら、以上のような施策を行っても、なお大企業との競争に勝つことができず、また、事業の転換もできない中小企業に対しては、産業政策としてではなく、社会政策ないし福祉政策的な救済策を講ずべきであろうと主張される。

この見解については、大店法や分調法の規定にはサンセット・クローズが定められておらず、恒久法であって時限法（緊急避難法）ではないという難点が指摘できる。まさに緊急避難的な措置というより以上の抜本的な措置が規定されているのである。もっとも、松下教授の見解が、従来の審決・判例の傾向を睨みながら「調整」を限定的に認容するものであって、きわめて巧みな解釈であることは否定できないであろう。

第二の見解は、大店法も分調法も公正な競争秩序の維持に役立つとする正田彬教授の見解である（「現代における中小企業と法」（2）（3）、法律時報四九巻三号一〇八頁、五号一一九頁）。正田教授は、中小企業は公正な競争秩序の維持を通して実質的平等権を確保するという見地から、大企業の中小企業分野への進出は、競争市場から市場支配力の支配下における市場へと変容するおそれがある、と指摘する。資本力を背景とした進出は、資本力の濫用によって競争秩序を侵害するおそれがあり、大店法および分調法は、公正な競争秩序を脅かすような行為または状態の形成を規制する趣旨の競争秩序維持のための進出規制、禁止として性格づけられるのであって、独禁法の附属立法として位置づけられる、と主張される。

但し、注意すべき点は、立法の趣旨は競争秩序維持を通しての中小企業の権利擁護であって、中小企業の保護、その存在の擁護それ自体に直接向けられているものではないことである。大企業の進出の不当性の根拠は、中小企業に強制される不利益が、競争秩序を脅かすことにある。また、技術革新による大量生産の可能性は、中小企業がなんらの対抗措置を講ずる余裕なしに大企業が進出すれば、中小企業が競争する方法をもたず、大企業が市場支配力を確保し、あるいは寡占体制が形成されるという結果に至ることは明白であるので、中小企業に大企業の進出に対応する余裕を認めることが必要である、と主張される。結論として、大店法および分調法は独禁法の附属立法として位置づけられるのであり、将来の市場支配力の形成に連なる可能性がある場合、優越的な経済力を利用した参入の場合、あるいは急激な進出による市場支配力の形成を阻止するために、一定時期に限って進出を停止させ、中小企業の側に転換などにより大企業の進出に対応する余裕を与えることを命ずる場合に、事業活動の調整という規制方法が許容されるのである。

正田教授の見解は、中小企業の実質的平等権の確保というやや異端的な独自の理論を前提としており、独禁法の本質に関する正統的な考え方に立脚していないので、ひとまず私見による批評を差し控えたいと思う。

第三の見解として、水野武教授および佐藤芳雄教授は、事態を独禁法の強化・運営によって解決を図るべきであって、大店法や分調法は不要である旨を主張されている。水野教授の見解（「中小企業の分野調整問題」企業法研究二五六輯二頁）は、大企業が資本力または経済力の優越性を利用して、不公正かつ不当に中小企業分野に進出し、現実に中小企業の利益が害されるという事態が発生する以上、それは独禁法によって規制されるべきものであるとする。中小企業の整理、倒産などがもたらす社会的影響を考慮に入れると、その産業において独占ないし寡占体制が確立される弊害を重くみるものであるが、この独禁法の運用は、現行法の解釈でも可能であると主張される。

なお、大企業の中小企業分野への進出を阻止することは自由競争原理に反するという意見は、我が国の産業構造の現実の中では矛盾する要素があり、従来、過当競争とまで言われた激しい競争が存在していたところに、大企業の進出により容易に独占ないし寡占化する可能性が大きく、むしろ自由競争原理は破壊される結果となる、と断じている。もっとも、中小企業の事業分野を法律などで固定化せず、大企業の不当かつ不公正な中小企業分野への進出を、独禁法の運用によって規制すれば足りる、と主張されている。私見では、独禁法についてのかような解釈は、独禁法の運用の実状に対する過大な評価に基づいており、現実の運用のあり方を正確に反映していないように思われる。

次に、佐藤教授の見解（「独禁法・分野調整法と中小企業政策」経済評論二六巻六号四二頁および「大企業との分野調整は有効か」エコノミスト一九七五年一一月一一日号四〇頁）では、大企業の大規模生産体制をもってする中小企業分野への参入は、生産効率を高めるものであって資源の適正な配分の実現につながるとしながらも、参入に際してとられがちな大企業の強引な市場占拠活動は、独禁法によって規制できるし、規制しなければならないこと、また、大企業の進出によって独占的状態が生ずることを事前に規制することは、現行の独禁法のままでは困難であるが、放置することができない旨が主張されている。

したがって、独禁法の強化、改正、運用強化のもとで、大企業の進出およびそれに伴う諸弊害の除去という課題に対応することが可能であり、競争維持政策の見解からは、大店法および分調法の制定は認めることができない、と結論されている。私見では、このような独禁法の強化運用論は過大な期待に終わると考えたのであり、実際にも独禁法の強化改正は行われなかった。

第四の見解として、大店法を「生業権」に基づいて是認する安達十郎弁護士の見解がある（「「生業権」ということ」法と民主主義一二五号二頁）。安達氏は、「生業」の意味を以下のように把握する。

各種の小売業者は、地域の小売市場において、普通には、その小売営業のために精一杯の資本を投下し、一定の期間継続して自己と家族とで（ときには少数の従業員を雇用して）勤勉に働き、市場内の他の業者と節度をもって競業しつつ、地域の住民（消費者）に日常生活の必需品を供給（販売）し、これにより自己の家族とのぜいたくでない程度の生活を維持するに足る収益をあげ、同時に、この営業を通じて、住民（消費者）の日常生活に奉仕してきたばかりでなく、市場を切り拓いてきたといえる。

また、小売業者がその営業を自己の職業として継続して遂行するのは、単なる生計の手段としてだけではなく、社会的分業の一を占めて社会的連帯の実現に参加していることにも意義を見い出し、かつ、その活動を基礎として、自己の人としての資質を開発、陶冶していこうという自覚に根ざしている、とみられる。

したがって、大規模店の出店によって地域の小売業者の多くを倒産させ、あるいは大幅な減収に追い込むということは、この人達から生計の手段もろともに、多年にわたって遂行してきた社会的連帯の実現と自己開発、自己陶冶の場を奪うことになる。小売業者達が「生業権」として主張するのは、かかる横暴は法律上も許されないということに他ならない、と説明されている。

中小企業法制の理念を探求する際に、「生業権」の主張には実際考えさせられる点が多いのであるが、私見では、「生業権」という権利概念が果たして法律上成立するものであるかについて、かなり疑念を感ぜざるを得ない。

第五の見解として、大店法について地域主義（地域構造政策を指向する）、分調法について企業規模構造政策を根拠とする清成忠男教授および杉岡碩夫教授の見解がある。

清成教授の見解（「中小企業問題―大規模小売店舗の進出問題―」ジュリスト六二八号六一頁、「小売関係二法改正の問題点」ジュリスト六六九号五〇頁）では、大店法による調整問題の本質は、新たな地域社会の構築に向けた、市場経済の次元での流通問題を超えた地域住民のトータルな生活にかかわる問題であり、従来の産業組織論的アプローチでは不充分である、と認識される。

小売業は、地域産業（その都市に住む人々をマーケットとして成立している産業）であり、消費者は具体的地域住民として存在している。また、消費という活動は、トータルな人間生活のごく一部の側面にすぎないのであり、地域住民のトータルな生活という立場から小売業のパフォーマンスを問わなければならない。大規模店進出のコストとベネフィットを考える際において、小売段階での一時的な価格効果ではなく、長期的な視点に立ったトータル・ウェルフェアのコストを考慮する必要がある。

市場経済の進展は、無秩序な都市化をおし進め、総じて生活環境を悪化させるのであり、地域社会を解体させ、大きな都市空間を砂漠化させるとともに、個人を市場においてのみかかわりあう原子的な存在に変えてしまう。

そもそも、経済は人間の社会的生活にとってはサブ・システムにしかすぎないが、自動調整的市場メカニズムのもとで無秩序な自己発展を続けていくから、社会は市場をその本来所属する場所に閉じ込めなければならない。

このことは土地の利用についても妥当する。土地利用も市場メカニズムのもとで歪曲されざるを得ないのであり、商業施設の集積は、地価の上昇、混雑現象をもたらし、公共投資の不足と相俟って、生活環境の悪化、住民負担の増加を招く。社会は、この因果関係の展開に歯止めをかけなければならないが、大店法は、客観的に考えると、この事態に歯止めをかける効果を有する。したがって、清成教授は、結果的に、地域計画策定までの経過的な措置として、大店法を活用することを提案する。また、杉岡教授も同様に、流通政策における地域主義の採用を提唱され、街づくりの観点から大店法を見直すことを強調する（「大型小売店の進出と地域社会」『地域主義のすすめ』一九五頁）。

なお、清成教授は、分調法に関連して、大店法と同様に産業組織論のレベルを超えた次元で議論を進める必要があるとの観点から、構造的に中小企業のウエイトを高めていくという大企業に対して中小企業を優位に立たせる論理として、企業規模構造政策に着目し、そのための政策手段の一つとして、分調法の活用を図るべく提唱している（「「分野調整法」は何をもたらすか―新たな構造政策のテコに―」エコノミスト一九七七年六月一〇日号一一六頁）。清成教授は、産業社会の再組織化の視点から中小企業を重視し、大企業の規模の経済性（スケール・メリット）にかなり疑問を呈されている。まず、社会的コストの内部化を図るならば、規模の経済性はかなり割り引いてみなければならないし、同様に、大企業体制は地域社会の解体といった量的に計測不可能な社会的コストを負担しなければならない。また、かりに規模の経済性が存在するとしても、それによって得られる利益が少ないならば、中小企業の競争から得られる実質的な利益を確保するために、規模の経済性を放棄することが妥当であろうとされる。そして、中小企業に委ねることによって、耐え難いほどに効率が阻害される場合には大企業に委ね、その社会的管理を行えばよいと主張されている。

結局、大企業体制の限界が今日において明らかな以上、健全な中小企業の維持が必要であり、これ以上大企業分野の形成を進めることは阻止すべきであるという命題が成立するのである。分野調整を支持する立場は、この見解からすれば、保守的と言うよりはラディカル（根源的）ということになるのであって、消費者のための一時的な価格効果のためだけに、大局的見地からの判断を見失ってはならない。その際に、ドイツにいわゆる構造政策（Strukturpolitik）が重視されるのであって、地域構造政策、産業構造政策、企業規模構造政策および所得・財産構造政策の四つの領域において、資源等の配分を市場メカニズムにまかせないで、国家によって一定の方向に傾斜させることが目論まれる。ここで挙げた企業規模構造政策が産業組織政策を意味するものでないことは当然のことであり、我が国においても、構造政策を整合的に検討して採用する時期が到来したのである。

このように中小企業に傾斜した企業規模構造政策が我が国でも展開されうるのであり、そのための政策手段の一つとして分調法の活用が考えられる、と主張されたのである。私も清成教授の見解に賛成であり、次節では、ドイツにおける企業規模構造政策の原点として、ヴィルヘルム・レプケの思想を考察する。

第四節　ヴィルヘルム・レプケの思想

ヴィルヘルム・レプケ（Wilhelm Röpke）は、第二次大戦後のドイツ連邦共和国（西ドイツ）の経済政策である社会的市場経済の形成に哲学的基礎を与えた経済思想家である。歴史を振り返ってみると、第一次大戦後のワイマール共和国の成立後、一九三三年から第二次大戦までの間、ドイツでは、右翼全体主義政党であるアドルフ・ヒットラー率いるナチス（国家社会主義ドイツ労働者党）が政権を握っていたが、その抬頭には、当時の経済状況下においてドイツの中産階級が没落していたという事実が大きく影響していた。ワイマール連合を組織していた中間政党は、主として農民や中小商工業者を支持基盤としていたが、この両階層は左右両極の政治勢力の攻撃と極度のハイパー・インフレーションの発生によって没落を余儀なくされた。

従来、財産所有と職業とが家族という社会的な基本単位に結合していたのであり、これらの中産階級こそが自由で民主的な市民社会の主要な担い手であったが、それが根こそぎ刈り取られてしまい、左右両極の対立を栄養源として、ナチスと共産党の抬頭を許し、最後にはナチスの単独支配となったのが、第二次大戦に至るドイツの状況であった。

この歴史的教訓から、レプケは、中間階層政策の重要性を提起し、健全かつ安定的な中間階層の存在こそが、自由な市民の拠り所であることを力説した。まさしくレプケこそが、ナチズムの悪夢から醒めて、第二次大戦の敗北による荒廃から戦後復興へと起ち上がったドイツ社会の精神的支柱であった。レプケの思想は、『キヴィタス・フマーナ』（Civitas Humana）の中に窺われるが、本書は、一九四四年に亡命先のスイスのベルンで執筆刊行された。邦語訳は、喜多村浩訳『ヒューマニズムの経済学』として勁草書房から出版されている。

レプケは、経済体制論としてはフライブルク学派の新自由主義の立場に立脚しており、市場経済の性格について、市場経済機構とは完全に自動的な機構とは考えられないと論ずる。彼の表現によると、自由市場経済は「自生植物」（Naturpflanze）ではなく「栽培植物」（Kulturpflanze）である。その成長と成熟には手厚い配慮を要し、苗床をととのえ、施肥や除草や刈込みを必要とする。古い自由放任的・資本主義的思考や行動の根本の誤りは、市場経済を、それが独りで存立し、自動的に展開する過程のように考えたことにある。さらには、自給経済、国家経済や計画経済、あるいは献身および商売気ぬきの人間味という諸領域が同時に存在するのでなければ市場経済はそれだけでは腐敗し、その腐敗毒素をもって社会の他の全領域を必ずや害するものである、と断じている（この点については、野尻武敏教授の論文「新自由主義の経済秩序と経済政策」経済論壇一八巻九号一九頁を参照されたい）。

続いて、レプケは、資本主義体制とは、市場経済が一九世紀から二〇世紀前半において現われた歴史的な全体的配合として、特殊なものとして評価する（邦訳書一三頁）。その特徴は、独占化の自由を放任して無制約の自由競争の持つ社会的側面を閑却した非社会的な市場経済である。その結果として、集中化が進み、他方において進展する都市化とともに、資本主義は、生活基盤を奪われて不安定に浮動する群衆を作りあげ、安定をもっぱら社会や国家に求める大衆の心理傾向を生み出した。群衆化（Vermassung）とプロレタリア化（Proletarisierung）の進行である。

群衆化とは、共同社会における自由と秩序の同時の実現のために不可欠であるピラミッド型の階層秩序（Hierarchie）が崩壊することである。レプケの見解によると（邦訳書二一八頁）、社会はエリテ（Elite）として認められた少数者によって指導されるという意味では階層秩序であるが、この指導層は、家族や職業の強固な伝統の基礎に根ざす誇らしげな独立意識をもって、国家または組織された集団の恣意的な傾向に対抗する。この独立意識を持ち得るためには、根幹となる所有の拠り所もなければならない。

この指導層は「基幹家族」から作られるのであって、この基幹家族の中核において、職業と家族の所有とが代々受け継がれていく。このような家族があってこそ、社会構造は長続きのする強固なものになる。その家族の所有は、決して大したものである必要はないし、健全な社会においては、この層は、主に農民、手工業者、あるいは自由職業の人々から成るであろう、と述べられている。結局、レプケの考えによると、社会の安定に寄与する社会階層は、基幹家族として、同時に私有財産制度を維持する担い手でもあって、農民、中小商工業者、自由職業層、不動産所有者等の社会学で定義される「中産階層」を意味し、彼らは真の意味における社会のエリートである。

これに対して、官僚とか株式を所有していない（私的所有に基づかない）大企業の経営者や管理者層は、レプケの考えに基づくと、社会のエリートとして位置づけるには難点がある。それは、彼らの地位が財産所有に基づいていないからである。確かに、彼らは国政を動かしたり、大企業の経営方針を決定することができるが、その地位を去ることによって決定権限を奪われてしまう。最も肝要な点は、彼らの意思決定には、拠り所とすべき確固たる信念に欠けるということである。ナチスや戦時中の我が国の教訓を持ち出すまでもなく、これらの公私の官僚群は、自己の地位が財産の所有によって保障されていないため、時の権力者の誤った政策や決定に断固として抵抗することができず、自らは誤っていることを自覚しながらも、押し付けられた政策や決定を忠実に遂行することによって、こと志に反して自由で民主的な社会にとって最も悪質な敵対者ともなりうるのである。非常に厳しい評価であろうが、歴史の教訓を忘れ去ることはできないのである。

次に、プロレタリア化とは、物質的な意味でも、非物質的な意味でも、どこにも生活の根がなくなり、いざという場合の準備がなくなること、しっかりした足場を失ってさまよい歩く遊牧民になることと、そして最後には、誰が主体になるともわからない名の無いものによる機械的な集団的生活保障や保護の対象となることである（邦訳書二五六頁）。ここに当時の西欧社会の最も重大な欠陥があった。

レプケは、最も差し迫った課題のひとつは、このプロレタリアを人間にふさわしくない生存形態から救い出し、その他の国民に同化させ、それによって彼らを気高い本来の意味において「ブルジョア化する」ことであると主張した。レプケは、農民や手工業者の特徴をなしていたものこそが、このプロレタリアには欠けていると指摘する（邦訳書二七〇頁）。それは、存在自体が独立であり、自主的であるということ、住宅、財産、環境、家族、そして職業にしっかりと根をおろしているということ、労働が個人の人格にふさわしい性格を持つということ、それから伝統ということである。したがって、プロレタリア化というのは、まさに人間が危険な状態に陥るということを意味している。プロレタリア化が進めば進むほど、生活の根拠を失った者は、ますます強く国家と社会の手によって扶助と経済的な安全とを保障させようとするので、社会保障と官僚の権力の増大に導く。必然的に租税の負担が重くなるが、これは何よりもまず中間階層の肩にかかってくる。中央集権の傾向は強くなり、中産階級は破壊され、プロレタリア化される。

レプケは、このような事態の解決策として、非群衆化と非プロレタリア化の遂行を挙げる（邦訳書二九七頁）。あらゆる巨大な規模、あらゆる巨大な関係は、人間にふさわしい尺度にあわせて縮小しなければならない。新しいプロレタリア的でない産業形態、すなわち、農民の生活、手工業者の生活に適合した産業形態が作り出されなければならない。経営や企業にしても、ごく自然であるように、比較的に小規模の単位を助長するとともに、多くの点で理想的な限界である農民や手工業者の場合に型どって、社会学的に健全な生活形態、職業形態を助成しなければならない。あらゆる種類の独占を打破し、如何なるところにあっても、如何なる方法によっても、経営の集中・企業の集中に対して闘わなければならない。大都会とか、密集した工業地帯とかいうものをなくして、社会学的に正しい国土計画を行い、住居をも生産をも分散させるようにしなければならない（邦訳書二九八頁）。レプケは、この理想を達成するために、具体的に、経済改革・社会改革プログラムを提示しているので、次にそれを検討する。

第五節　経済改革・社会改革プログラム

レプケの提案する経済改革・社会改革プログラム（邦訳書五三頁～六七頁）は、一つの哲学の表現ともいうべきであって、最も重要な点は、広汎な層の財産をふたたび確立するということである。それによって、プロレタリア化の本質的な特徴、すなわち、財産が失われているという状態を取り除くことである。具体的には四つの段階の政策の組合わせから成り立っている。

＊レプケの経済改革・社会改革プログラム（邦訳書八五頁）

Ⅰ　真の競争秩序の確立

反独占政策（Antimonopolpolitik）

Ⅱ　積極的な経済政策（自由放任に反対）

（1）　枠組政策　（Rahmenpolitik）

「競争に必要な枠とか、競争が行われる場合の規制とか、その規制が遵守されているかを公平に監視する機関とかを作る措置および制度」

（2）　市場政策　（Marktpolitik）

「市場の自由そのものに現実に干渉を加える自由主義的な干渉政策」

a　適応のための干渉―経済変動に対する適応を助ける

b　適合的な干渉―市場経済の体制にそうものである

Ⅲ　構造政策（Strukturpolitik）　市場経済の社会的な前提条件を、所与のものとして受け取らないで、特定の意図に従って変えていく　国民経済における非プロレタリア化と分散化

（調整化、分散化、経済ヒューマニズム）

Ⅳ　社会政策　（Gesellschaftspolitik）

市場経済にひとつのしっかりとした枠を与えるものである

（市場経済の中核における個人原則に対して、枠における社会＝人間性原則が均衡を保たなけれ

ばならない）

このプログラムの中で注目すべきことは、構造政策（Strukturpolitik）と社会政策（Gesellschaftspolitik）を含めていることである。構造政策とは、所得および財産の分配、経営規模の大きさ、または都市と農村、工業と農業、あるいは個々の階級層への人口の分配などという市場経済の社会的な前提条件を、もはや与えられたものとしては受けとらないで、特定の意図に従って変えて行こうとするものである。レプケは、国民経済における非プロレタリア化と分散化というスローガンにまとめることができる一連の政策を要求するものであり、それは、調整、分散化、経済ヒューマニズムの実現をめざす。選択肢として、あらゆる節度を保ったもの、それ自身で安定しているもの、全体を見通すことが出来、人間らしい能力に応じたものを選ぶのであって、中間階層に賛成であるし、ふたたび広汎なサークルの財産の所有を作り上げる。したがって、企業規模については、あらゆる経済部門において中小経営を採用する。

さらに社会政策も必要である。市場経済は、社会生活における狭い一つの領域にすぎないのであって、人類学的＝社会学的なしっかりとした支柱がなければならない。市場経済がすべてであるわけではないので、この支柱が崩れ去るならば、市場経済もまた最早成り立ち得ない。

換言すると、市場経済の中核における個人原則に対して、その枠組として社会性＝人間性原則が均衡を保たなければならない。つまり、この二つの原則は、互いに一方が他方の条件をなしているのである。市場経済は、我々の全社会制度、文化制度とは切り離すことのできない経済体制であって、この全社会＝文化制度は、市場経済によって維持されるとともに、それがなくなれば、市場経済自身も倒れざるを得ない。それ故に、市場経済そのものを維持しようとするならば、それは反対の側の支えとなる社会政策をまって初めて出来ることなのである。市場経済と商業化されない社会とは、互いに補い合い、支え合うのであって、両者は密接な補完関係に立っている。

市場原則と社会性＝人間性原則が共に成り立つことができてこそ、群衆化とプロレタリア化の致命的な危険を避けることができるのである。

以上概観したところから明らかなように、レプケは、中産階層政策を重視し、企業規模としては中小企業を優先する立場を鮮明にしている。

第六節　企業規模構造政策からの視点

従来、我が国で構造政策というと、産業構造政策のみが取り上げられてきた。それ故に、中小企業政策としては、構造改善事業など近代化（高度化）政策に重点が置かれてきた。しかし、構造政策には、その他に、地域構造政策や企業規模構造政策などがあり、ドイツにおいてはその重要性が認識されている。清成忠男教授が地域構造政策の視点から大店法の「調整」の趣旨を理解されていることは、その立論の骨子から明白であろうし、また、分調法については、企業規模構造政策の観点から位置づけられていたことは、第三節における学説の検討の際に指摘しておいた。

私見は、企業規模構造政策の視点から、分調法だけでなく大店法をも解釈しようとするものであるが、この視点はまさにレプケの主張の核心であって、レプケの説明に付け加えることは最早何もないと言えるであろう。企業規模構造政策は、中産階層政策の一環として、中小企業の育成を指向するが、これは決して競争政策の遂行と矛盾するものではなく、本来的に相互に補完するものである。レプケの見解によれば、市場経済の基本原則である自由競争原理は、市民社会に内蔵されている社会性＝人間性原則に支えられてこそ、その作用が万全なものとなる。市場経済を、それ自身でまとまって安定しており、自動的に作動していく過程と把握することは、古い自由放任的な、「資本主義」的な考え方の残滓であって根本的に間違っている。市場経済というものは、社会生活の全領域にとっては、単に経済生活というサブ・システムの特定の秩序のあり方にすぎない。もっとも、市場経済という経済秩序に関する整序方式は欠くことのできないものであり、経済生活では枢要な地位を占める。

したがって、競争原理はできる限り尊重されることが望ましい。しかしながら、市場経済がそれだけで切り離されて、自律的な存在と考えることは誤りであるし、そればかりでなく、維持されることもできない。その場合には、市場経済は、人間をまったく不自然な状態に押し込めてしまうであろうし、遅かれ早かれ、人間は、この状態に叛旗をひるがえして、そのような状態から脱出を試みようとし、それとともに彼らの憎悪の対象となった市場経済を捨て去ろうとする、とレプケは指摘している（邦訳書六三頁）。これが国家社会主義、すなわちナチズムに至る道であった。

この道を封ずる「第三の道」として、自由競争原理に人類学的＝社会学的な枠がはめられなければならない。これがレプケの主張する調整、分散化、経済ヒューマニズムの実現ということの意味であろう。自由競争原理が社会性＝人間性原理に支えられてこそ、その有効性が認められるというヴィルヘルム・レプケの思想は、第二次大戦後の西ドイツ（ドイツ連邦共和国）に社会的市場経済という経済体制の選択をもたらした。このように「調整」という経済政策は、レプケの主張するが如く、市場経済の経済法則である自由競争の弊害を除去し、その有効性を増すためにこそ行われるのであって、小売商業や中小企業の事業分野における「調整」も、中小企業と大企業者間における隔絶した経済力の格差という点に着目した企業規模構造政策の適用の一事例であると思われる。

したがって、大店法や分調法の規定する調整原理が、たとえ市場経済の根本原則である自由競争原理に優先するものであったとしても、中産階層政策としての企業規模構造政策の観点からは是認できる、と評価することが妥当であろう。結局、大店法や分調法の規定する調整という措置の趣旨自体は、決して独禁法の理念に抵触するものではない。

しかるに、第三節で検討した学説がどちらかというと大店法や分調法の「調整」という措置に肯定的なものであったのに反して、この「調整」に否定的な学説も存在した。

飯田経夫教授は、分調法について、零細中小企業者の「静かな生活」に対する希求に答えるものとして法律を位置づけられ、その人間的な心情は察するに余りあるが、それは著しく後ろ向きであり、消費者を犠牲にしての主張にすぎず、劣情にすぎない側面が多分にあると主張されていた（「弱者救済と競争促進政策」東洋経済昭和五一年八月二一日号四八頁）。飯田教授によると、日本の中小企業の転換能力はかなり大きいが、それでも転換能力を欠く中小企業は明らかに存在しており、これらの企業が仕事を奪われることは、「生きがい」そのものにかかわるという点で「福祉」の最も基本的な構成要素であるとする。福祉が時代精神をなす現代では「旧きよき時代」の価格メカニズムによる自然淘汰ですべて割り切ることができないから、実行可能な方策は、否定的な立論においてであるが、転換能力の有無を問わず、すべての人々に従来どおりの仕事を続けさせることであり、分野調整問題とは、まさに最も典型的な「福祉」問題に他ならないと主張されている。私見では、中小企業者の

「静かな生活」に対する心からの希求を劣情に過ぎない面が多分にあるとする説は、経済ヒューマニズムからする検討がまったく忘却されている、と考える。

また、西山千明教授は、分調法は、反自由主義経済的であり、「国家社会主義」への道であると主張されていた（「忍び寄る国家社会主義の足音―分野調整法この危険な結末」ダイヤモンド一九七六年六月二六日号三八頁）。私は、当時、著作物を通じて論客であった飯田教授と西山教授の見識には深く感服させられることが多かったが、両教授の分調法に対する態度には承服し難かった。中小企業者の要求を建設的に実現することが、かえってファシズムへの道を封ずることになる点が全く理解されていないので失望を感じた。新自由主義を唱え、自らの立場を「第二の道」と呼んでいるヴィルヘルム・レプケは、まさに中産階層の「静かな生活」への欲求を自由を擁護する観点から最も重視した思想家であった。西山教授の支持される新自由主義は、アメリカのシカゴ学派であり、とりわけミルトン・フリードマンの学説の紹介者でもあり、市場経済への依存度が高い。ヴィルヘルム・レプケの新自由主義は、系譜的にはドイツのフライブルク学派につながり、西欧社会の土壌において香り高く花を咲かせたものである。アメリカのシカゴ学派のように市場メカニズムに対する規制を排除するという態度と異なって、市場経済に対する深い哲学的懐疑に裏付けられて、いかにして人間の国（キヴィタス・フマーナ）における経済秩序を確立するかがその著書で考察されているのである。

第七節　独禁法との抵触問題

本論稿において、レプケの思想をやや長く紹介したが、その主張するところを要約すると、競争原理は社会が安定していてこそ、その真価を発揮することができるのである。したがって、自由競争の過度の展開が社会的統合を破壊するおそれがある場合には、社会性＝人間性原理が作動するのであり、小売商業調整や事業分野調整の場合がその例である。競争政策はその意味では中小企業政策の裏打ちを必要とする。ここでの中小企業政策とは、ドイツでいわゆる企業規模構造政策のことであり、中産階層政策の一環としても展開される。この企業規模構造政策という視点を導入することで、今日なお不鮮明なままとなっている競争原理と大店法および分調法に関する疑問が明瞭に解決される。

大店法や分調法の定める調整原理と独禁法の定める競争原理との抵触問題については、これまでの考察から明瞭になったと思うが、中小企業法制一般についても、独禁法の競争原理との抵触について同様に確認されるべきであろう。

独禁法は、俗に「経済憲法」と呼ばれることがあるが、その法体系上の地位は単なる法律に過ぎない。しかしながら、独禁法は何かしら経済秩序の根本を定める特別の法であるがごとき感情が一般に持たれていることも事実である。このような錯覚は、公正取引委員会の審決や裁判所の判例の中にも窺われるようである。通説的見解では、独禁法は自由競争経済秩序の維持を目的とするから、自由競争秩序を維持することが、すなわち「公共の利益」に該当するとしている（今村成和『独占禁止法・新版』八三頁参照）。

私は、この点については、通説的見解は「公共の利益」について狭く解していると思う。競争秩序の確立は、経済秩序全体にとっては、一つの分肢にすぎない。レプケは、経済改革・社会改革プログラムにおいて、真の競争秩序の確立のための反独占政策を掲げるとともに、積極的経済政策、構造政策および社会政策を挙げている（邦訳書五三頁～六七頁）。したがって、競争秩序維持政策は、唯我独尊的に主張されてはならないのであって、構造政策や社会政策も考慮に入れなければならない。それ故に、競争政策に基づく競争原理と構造政策に基づく調整原理は、対等の立場にある相互補完的なものであって、大店法および分調法の適用領域においては、もっぱら大店法および分調法の定める調整措置のみが適用される。

なお、調整原理は、国民経済全体の利益を考慮した特定の経済政策を指向する公共政策なのであって、決して中小企業者の「権利」でないことは勿論である。したがって、調整を「生業権」という権利概念に基礎づける学説があったが、このような権利概念は法律上認容されないであろう。

第2章　カルテルの禁止

第一節　カルテルに対する法政策

カルテルとは、簡単に述べると、同業者が相談して、互いに競争しないように決め、これを守ることである。たとえば、「全員で商品の価格を一〇〇円値上げしよう」とか、「値崩れが起きないように生産量を削減して、現在の価格を維持しよう」とかを相談するような場合である。

カルテルは、商売の行われている社会では、どこでも昔から存在していた現象である。

しかし、現代では、経済活動が社会に及ぼす影響が甚大であるから、カルテルを放置することはできない。

経済社会では消費者主権が貫かれることによって、経済が社会の維持・発展に多大な貢献をすることができる。これに反して、消費者主権が排除され、生産者主権が確立されている事業分野では、消費者から生産者に所得が移転しており、好ましい経済効果を達成することはできない。

我が国では、第二次世界大戦以前においては、カルテル容認政策がとられており、戦争中の各種統制団体の発達がこれに棹をさした。しかし、昭和二〇年の敗戦が法律制度を一変させ、昭和二二年制定の独占禁止法がカルテル禁止政策を定め、これが今日に至っている。

現行の独占禁止法の規定のなかで、カルテルの禁止を定めた条文は、「不当な取引制限の禁止」の条項（三条後段）と、「事業者団体の禁止行為」を規定する条項（八条一項）である。前者は企業がカルテルを結成する場合、後者は企業が集まって作った団体（事業者団体）がカルテルを行う場合の条項である。

第二節　不当な取引制限の禁止

独占禁止法三条は、それ自体では「事業者は、私的独占又は不当な取引制限をしてはならない」と定めるだけであり、不当な取引制限については、二条六項に定義規定を置いている。独占禁止法二条六項は、「この法律において不当な取引制限とは、事業者が、契約、協定その他何らの名義を以てするかを問わず、他の事業者と共同して対価を決定し、維持し、若しくは引き上げ、又は数量、技術、製品、設備若しくは取引の相手方を制限する等相互にその事業活動を拘束し、又は遂行することにより、公共の利益に反して、一定の取引分野における競争を実質的に制限することをいう」と定めている。

カルテルの成立過程を分析すると、まず、①皆で一定の行為（共同行為）をしようという「共同の意思決定」がなされ、ついで、②カルテルの参加者が、この決定のとおりに実行する行為（実行行為）があり、③その結果、経済社会において、自由競争が有効に行われない状況が出現するという段階に至ることになる。

これを法律の条文（独禁法二条六項）に則して述べると、

①「事業者が他の事業者と共同して」（共同の意思決定）

②「相互にその事業活動を拘束し、または遂行することにより」（実行行為）

③「公共の利益に反して、一定の取引分野における競争を実質的に制限する」（効果）ということになり、これを「不当な取引制限」と呼ぶ。

以下においては、法律上の争点について、できるかぎり平易に説明する。

第三節　共同行為と水平的結合

不当な取引制限における特徴は、経済力結集の態様が二名以上の事業者による同一目的のための共同行為という点にある。すなわち、不当な取引制限は、事業者の「ゆるい水平的結合」による行為であることは明白である。ゆるい結合とは、それぞれの事業者の独立性を保った事業活動を前提とすることである。

もっとも、共同行為が水平的な同業者の結合に限られるか、それとも多段階の異業種を含む垂直的結合をも対象にするかについては、現在でも争いがある。アメリカの反トラスト法における取引制限には、水平的結合ばかりでなく、垂直的結合も含まれる。

当初、公正取引委員会は、アメリカの反トラスト法（シャーマン法一条）の取引制限の判例にならい、不当な取引制限の規定を水平的結合と垂直的結合とを区別することなく、両者にひとしく適用していた。

たとえば、北海道バターほか八名審判事件（昭和二五・九・一八審判審決・審決集二巻一〇三頁）において、バターの製造業者である北海道バター㈱が、特約店である明治屋ら八名と会合し、価格統制解除後のバターの半ポンド当たり新価格を生産者価格一七〇円、卸売価格一八二円、小売価格二〇〇円とすることを要請し、特約店側はこれを了承して、当該卸売価格を実施したことに対し、公正取引委員会は、これは、北海道バターと特約店らが共同してバターの新価格を採用したもので、旧四条一項一号（価格の共同決定、維持、引上げの禁止）に違反するとともに、三条後段（不当な取引制限）に違反するとした。

しかし、このような法の適用は、朝日新聞ほか二六名訴訟事件（東京高裁昭和二八年三月九日判決・審決集四巻一八四頁）において、まず旧四条について、次のような説示の下に裁判所によって否定された。

「ここにいう事業者とは法律の規定の文言の上ではなんらの規定はないけれども、相互に競争関係にある独立の事業者と解するのを相当とする。共同行為はかかる事業者が共同して相互に一定の制限を課し、その自由な事業活動を拘束するところに成立するものであって、その各当事者に一定の事業活動の制限を共通に設定することを本質とするものである。従って、当事者の一方だけにその制限を課するような行為は、その事情によって私的独占又は不公正な競争方法にあたる場合があるとしても、ここにいう共同行為にあてはまらない。また一群の事業者が相集まって契約協定等の方法によって事業活動に一定の制限を設定する場合であって、その中に異種又は取引段階を異にする事業者を含む場合においても、これらの者のうち自己の事業活動の制限を共通に受ける者の間にのみ共同行為が成立するものといわなければならない。」

右のような解釈に基づいて、朝日新聞ほか二六名訴訟事件については、裁判所により新聞販売店相互間の販路協定としてのみ共同行為の成立が認められ、新聞社については、この協定の当事者ではなく加功者にすぎないとして、加功者を排除措置命令の対象とする審決は取り消された。

ついで、東宝・新東宝訴訟事件においても、三条後段の不当な取引制限についても、同様に否定された。

「この不当な取引制限の行為は、その程度段階において差異はあっても旧法の共同行為とその本質を同じくするものであって、これは相互に競争関係にある独立の事業者が共同して相互に一定の制限を課し、その自由な事業活動を拘束するところに成立し、その各当事者に一定の事業活動の制限を共通に設定することを本質とするものであって、当事者の一方だけにその制限を課するようなものは、場合によって旧法の不公正な競争方法となり、また時としては私的独占を構成することのあるのはかくべつ、その制限の相互性を欠くの故にここにいう不当な取引制限とは、ならないものと解すべきである」（東宝・新東宝訴訟事件、東京高裁昭和二八・一二・九判決・審決集五巻一四三頁）。

このように、東宝・新東宝訴訟事件では、問題となる契約によって義務を争うのは、新東宝のみであり、拘束の相互性がないとの理由で、不当な取引制限の成立が否定され、これに関する審決の部分は、取り消されるにいたった。

第四節　制限説と包含説

カルテルの実行行為の内容は、カルテルの各参加者にとって同質でなければならないと主張する学説を「制限説」といい、これを否定するのを「包含説」という。判決・審決が制限説に立っていることは、既に検討したところである。

もっとも、最近は、包含説の支持者も増えている。共同行為を成立させている重要な要素について、競争事業者間の同質的な制限が存在すればよいのであり、それ以外の点で異質的な要素が入っていても構わないと考える学説も有力に主張されている。

このように理解すれば、いままでカルテルとされなかった事案も、単一の三条後段事件として処理されることもある。

第五節　共同の意思決定

不当な取引制限、すなわちカルテルは、独禁法二条六項の定義規定によると、「事業者が、契約、協定その他何らの名義を以てするかを問わず、他の事業者と共同して対価を決定し、維持し、若しくは引き上げ、又は数量、技術、製品、設備若しくは取引の相手方を制限する等相互にその事業活動を拘束し、又は遂行することにより、公共の利益に反して、一定の取引分野における競争を実質的に制限すること」とされている。したがって、カルテルの成立過程を分析すると、まず、①皆で一定の行為（次に述べる実行行為）をしようという「共同の意思決定」（「共謀」とも呼ばれている）がなされ、ついで、②カルテルの参加者が、この決定のとおりに実行する行為があり（「実行行為」という）、③その結果、経済社会において、自由競争が有効に行われない状況が出現するという段階に至る。

ここでは、「共同の意思決定」と「実行行為」について説明する。

共同行為（競争制限的合意）は、契約、協定、覚書、協約、規約によるかの名義を問わず、また書面によるか口頭によるか、明示的か黙示的か、さらに制裁の有無も問わない。しかし、共同行為として認められるためには、共同する事業者の共同の認識または意思の連絡が必要である。これをもっと学問的に述べると、カルテルは、「共謀」といわれるように共同で意思決定を行うことに最大の特色がある。

したがって、カルテルにおける「共同の意思決定」とは、カルテルの参加者が、一定の実行行為をすることについて、意思の連絡をしあい、互いに了解に達することである。すなわち、本来ならば単独で行うべき意思決定を、他の事業者と共謀して行う点に違法性が認められる。このような考え方を、学説では「意思連絡説」と呼んでいる。

これに対して、業者間の意思の連絡は必要とせず、各事業者において、一定の行為を共同して行っているという認識があれば足りると解する学説もあり、これは「認識共同説」と呼ばれている。しかし、認識共同説によると、市場取引の結果として価格が一致する場合も違法とされるおそれがある等の難点があるので、審判決の実務は、意思連絡説を採用している。

第六節　事実認定方法

共同行為が文書などの物的資料によって直接的に証明されることは、独占禁止法の知識が普及した現在では、殆どあり得ない。したがって、共同行為の認定については、直接証拠による立証は事実上不可能といえるので、間接証拠ないし状況証拠を最大限度に活用して、総合的状況から合理的に推認せざるを得ない。このような事実認定方法は、公正取引委員会によって早くから採用されている。

合板入札事件（昭和二四・八・三〇審判審決・審決集一巻六二頁）において、公正取引委員会は、「共同行為ありといわんがためには、どの程度の主観的意思の連絡が必要であるかの判断であるが、当委員会は、共同行為の成立には、単に行為の結果が外形上一致した事実があるだけでは、未だ十分でなく、進んで、行為者間に何等かの意思の連絡が存することを必要とするものと解するとともに、本件におけるごとき事情の下に、或る者が他の者の行動を予測し、これと歩調をそろえる意思で同一行動に出たような場合には、これ等の者の間に、右にいう意思の連絡があるものと認めるに足るものと解する」と述べている。そして、被審人らが特別調達庁に対しほぼ一致した価格で入札した事実と、それ以前に数回にわたり会合し入札価格について雑談を交えた事実とを総合して、被審人らは、共同して対価の決定を行ったと認定し、独禁法四条一項一号および三条後段（不当な取引制限の禁止）に違反すると審決した。

その後、公正取引委員会は、「石油製品価格協定事件」（昭和三〇・一二・一審判審決・審決集七巻七八頁）において、被審人ら石油元売業者の大口需要者に対する入札価格が、昭和二七年八月以降不自然に一致したこと、および、これに先だち七月中に被審人らが数回会合して大口需要者に対する販売価格について協議したことを合わせて、被審人らによる価格協定の事実を推認した。この事実認定に関して、審決は、以下のように述べている。

「これら会合の目的はいずれにしても、その会合において当時の市況ならびに統制撤廃後の適正価格ないしは自粛価格として旧統制額を基準とすることが話題とされたことは証拠により明らかなところであり、……被審人らの代理人は結論がなければ申合せがないかの言をなし、各参考人の言葉を引用するが……、これら会合はその連絡またはその模様からして一定の議事の進行の下に一定事項を結論づけ決議するというような性格を持つものではなく、各社話合いの間に同業にある者の常として一様の認識がえられ、それに基づいてその内容が実行に移されるものと認められるのである。……これを要するに、被審人らの石油製品入札価格が期せずして一致したとする主張は成立しえず、前後の事情を綜合すれば暗黙の意思の合致を認むべく、事実結果においても上記入札の上にそのような一致した価格が現われ、各社間の競争は現実に失われているのである」（審決集七巻八一頁）。

この審決の事実認定は、抗告審である東京高裁の判決において、つぎのとおり全面的に支持された。

「さきに当裁判所の判断を説示したところに従えば、審判のあげた各証拠を綜合することにより合理的に価格についての了解の成立に関する審決の事実認定に到達し得ることは明らかである。被告

（公正取引委員会のこと）のこの認定には、経験則に違背するところはない」（審決集八巻七七頁）。

「被告の引用する証拠によれば、これ以前の大口需要者に対する入札又は見積合せにおいては、各自の入札又は見積価格が区々であったことが明らかであるのに、当事者間に争いのない本件中央気象台等における原告（被審人のこと）らの入札した具体的価格がほとんど一致していることを合せ考えれば、入札が前段説示の申し合せに基づくものとすることは、当然の論理的帰結というべきもので、この点の審決認定事実は、実質的証拠によって立証せられているものと言うを妨げない」（審決集八巻七九頁）。

審判決の結論は、共同行為の意思決定の立証について、共同行為の目的事項に関する事前の連絡交渉、ならびに事後の一致があり、かつその間に因果関係が合理的に推認できれば足りる、という立場を採用しているものと思われる。

第七節　実行行為の拘束性

共同の意思決定に基づいて、カルテルの参加者は実行行為を行うことになる。実行行為の内容は、事業活動の制限である。また、実行行為の内容は、カルテルの各参加者にとって同質でなければならないとする「制限説」が審判決の立場であることは、既に説明したところである。

そこで、実行行為における問題点は、その拘束性にある。不当な取引制限は、①競争業者間の事業活動の拘束であること、および②当事者間に一定の共通の義務を課すること、すなわち事業活動の相互拘束性を要件としている。ところが二条六項の定義規定は、「相互にその事業活動を拘束し、又は遂行することにより」と定めており、共同遂行も含めている。

東宝・新東宝事件では、東京高裁は、「遂行」を拘束の概念に含まれると解釈しているようだが、それでは「拘束」のほかに「遂行」を書き加えた趣旨が分からなくなる。結局、「拘束」のほかに「遂行」を加えたのは、当事者の自発的遵守に依存する申し合わせなど、拘束性のゆるやかな合意も、不当な取引制限に包摂することについて、解釈上の議論の余地をなくすため、文言上の補強を行ったと解すべきであろう。

実際上、罰則等の実効確保手段を伴ったカルテルは滅多になく、その多くは紳士協定ないし暗黙の合意としてなされている。このような場合には、共同行為の存在を認定するために必要とされる証拠の問題について、「遂行」という用語から相互拘束性の概念をゆるやかに解することができる。

したがって、この法文は、「共同して遂行しているときは、拘束しあっている」ことを示した規定として理解されるべきである。

第八節　一定の取引分野

不当な取引制限の構成要件として、既に説明をした事業者間の共同行為が、「公共の利益に反して、一定の取引分野における競争を実質的に制限すること」となることが必要である（独禁法二条六項）。これを解題すると、「一定の取引分野」、「競争の実質的制限」、「公共の利益」と三つに分けて説明できる。

まず、一定の取引分野とは、相互に競争関係にある事業者によって構成される競争圏であり、市場というに等しい。また、結果的にみれば、競争を実質的に制限するという共同行為の影響が現れる範囲を意味する。そこで、市場（マーケット）、すなわち「一定の取引分野」を確定するためには、競争関係にある事業者の範囲を確定しなければならない。この範囲は、具体的には、取引の対象（商品またはサービス）、取引の段階（製造業、卸売業、小売業）、あるいは取引の区域（地理的範囲）に応じて成立する。さらに、同じ事業者にとって、競争圏が幾重にも成立し得る。

このように同一の事業者について、複数の市場、すなわち一定の取引分野が存在する可能性が大きいので、独禁法違反行為が生じた場合に、どの市場（一定の取引分野）の競争が実質的に制限されることになるのか判断しなければならない。要するに、「一定の取引分野」とは、あらかじめ定まっているのではなく、行われた独禁法違反行為との関係で相対的に決定されるものである。一定の取引分野を地理的に如何に確定するかが争われた事例として、東宝スバル興業事件が有名である。この事件は、東宝がスバル興業から映画館を営業賃貸借したことについて、その契約の破棄を命じた公正取引委員会の審決の取消を請求したものである。

本件において、被告たる公正取引委員会は、映画興行館の観客は、都内およびその近郊にわたって広く散在するとも考えられ、これらの地域を一つの競争圏とみることもできるとしたうえで、「しかし、そのなかにおいても、新宿、渋谷、浅草、銀座等の一つの盛り場に存する映画興行館は、それぞれの固有の観客群を有しているのであって、これらの盛り場内の興行館は、右の観客群を対象とし、その内の個々の観客を争奪し合う点において、さらに一個の競争圏を形成しているのである」（東京高判昭和二六・九・一九審決集三巻一七四頁）と説き、本件においては、丸の内、有楽町界隈を右のような意味における競争圏に該当すると主張し、予備的に丸の内、有楽町界隈を含む銀座地区を一定の取引分野であると主張した。他方、原告である東宝は、丸の内、有楽町界隈の映画興行館の観客は、都内および近郊一円より参集することを根拠として、本件における一定の取引分野は、地域的には旧東京市内とすべきことを主張した（審決集三巻一六九頁）。

これに対し、東京高等裁判所は「丸の内、有楽町界隈は、東京都の中心繁華街である銀座方面に直ちに接続し、同方面にわたってさらに多数の映画館が相近接して存在しているのは、公知の事実であって、この事実からみると、丸の内、有楽町界隈だけを切りはなして、独立した一地域とみることは相当ではなく、被告が一般社会通念に照らして、これを映画興行の一定の取引分野と認め得るとしたのは独断であるといわなければならない」（審決集三巻一八〇頁）としながら、原告側の主張に対しては、多数の映画館が近接して存在するときは、その地域内には独自の観客群が生じ、おのずから、そこに一定の取引分野を形成するものとみるべきである旨を説示して、その主張を斥けした。

しかる後に、裁判所は、「銀座を中心として京橋、日比谷、新橋、築地を連ねる地域には、……二〇の映画館が相近接して存在し、これらの各映画館はこの地域に集まる共通の観客群を対象として、それぞれ興行していることを認めることができる。従ってこの地域について、映画興行の一定の取引分野が成立するとみるのが相当である」（審決集三巻一八二頁）と判示して、結局、公正取引委員会（被告）の予備的主張を支持した。

第九節　競争の実質的制限

競争の実質的制限の概念が、裁判所において初めて論じられたのは、前掲の東宝スバル興業事件であった。この訴訟において、公正取引委員会は、「私的独占禁止法について『競争の実質的制限』とは、競争の『実効性ある制限』と同一の意義に帰着し、有効な競争を期待することがほとんど不可能な状態を指すものと解する」（審決集三巻一七五頁）と説明している。

これに対して、東京高等裁判所は、次のような見解を示した。すなわち、「競争の実質的制限とは、原告のいうような個々の行為そのものをいうのではなく、競争自体が減少して、特定の事業者または事業者集団が、その意思である程度自由に、価格、品質、数量、その他各般の条件を左右することによって、市場を支配することができる形態が現れているか、または少なくとも現れようとする程度に至っている状態をいうのである」（審決集三巻一八三頁）と説き、本件において、東宝がスバル・オリオン両座を支配するに至るときは、単に数の上で過半数を占めるばかりでなく、その質においてははるかに重きを加え、前記一定の取引分野において、「原告単独の意思で、相当に上映映画をはじめ、各般の興行条件にわたり、これを左右できる地位を占め、更に右分野において映画興行につき、強度の支配力を持つ可能性を有することができる。従って、原告の本件賃借により、右一定の取引分野における競争が実質的に制限されるものというべきである」（審決集三巻一八六頁）と結論した。

有力説である今村成和教授は、「有効競争の基準」として、次の二つの条件が満たされることを主張している。

① 事業者相互間の自由な競争が妨げられていないこと

② いかなる事業者も、その競争への参加が妨げられていないこと

したがって、「一定の取引分野における競争の実質的制限」とは、この意味においての「有効な競争を期待することが殆ど困難な状態」、すなわち「有効競争がない状態」をもたらすことをいい、言い換えれば、市場支配の状態をもたらすことである（市場に支配力を形成、維持、強化すること）、と説明されている。

第一〇節　公共の利益

独禁法二条六項の定義規定においては、「公共の利益に反して」という文言が挿入されている。この意味について、解釈が対立している。

第一の見解は、これを狭く解し、公共の利益とは、自由競争を基盤とする経済秩序そのものを指し、これを阻害する事態は直ちに公共の利益に反するとするものであり、従来の公正取引委員会および判例の採用する立場である。

これに対し、第二の見解は、これを広く解し、自由競争の原理は原則としてこれを承認しつつも、これを超えた、より高次の段階における国民一般の利益が、ここにいう公共の利益であると解するものであり、経済界において強く主張されている。

この点について、石油カルテル（価格協定）事件で最高裁判所は、「独禁法の立法の趣旨・目的及びその改正の経過などに照らすと、同法二条六項にいう『公共の利益に反して』とは、原則としては同法の直接の保護法益である自由競争経済秩序に反することを指すが、現に行われた行為が形式的に右に該当する場合であっても、右法益と該当行為によって守られる利益とを比較衡量して『一般消費者の利益を確保するとともに、国民経済の民主的で健全な発展を促進する』という同法の究極の目的に実質的に反しないと認められる例外的な場合を右規定にいう『不当な取引制限』行為から除外する主旨と解すべきである」と判示しており注目される（最判昭和五九・二・二四審決集三〇巻二四四頁）。

第一一節　排除措置命令

独禁法は、カルテルの規制措置として、行政的、刑事的および民事的規制の三方向から規定を設けており、これによって独占禁止法の実効性が担保されている。なかでも行政的規制である公正取引委員会による排除措置命令が、その中核的な役割を演じている。

排除措置命令に関しては、独禁法第三条後段で不当な取引制限（カルテル）を禁止し、続いて第七条一項において、「第三条の規定に違反する行為があるときは、公正取引委員会は、……事業者に対し、当該行為の差止め、事業の一部の譲渡その他これらの規定に違反する行為を排除するために必要な措置を命ずることができる」と定めている。

このように排除措置命令は、独禁法違反行為を排除するための公正取引委員会の行政処分であって、行政的な措置によって、将来に向かって「公正かつ自由な競争」を復活させる。その範囲は、違反行為自体の廃棄や禁止に止まるものではなく、違反行為によってもたらされた競争制限状態ないし違反行為の競争制限効果を有効に排除し、競争を回復するために必要かつ適切な措置を公正取引委員会として命ずることができる、と広く解されている。

排除措置の受命者は、違反行為を行った事業者だが、事業者団体としてカルテルを行った場合には、当該団体の役員もしくは管理人又はその構成事業者も、受命者となることがある（独禁法八条の二第三項）。

排除措置命令の目的は、客観的な違法状態の除去にあり、行為者の主観的な責任を問うものではないから、行為者の故意・過失の存在を必要とせず、違法の認識の有無とも無関係である。また期待可能性の如き責任阻却事由も問題となり得ない。

たとえば、行政官庁の半強制的要望があったと言うことや行政指導に基づくものであったと言うことは、違法行為の成立を妨げる理由とならず、排除措置を命ずる妨げとはならない。この点については、「野田カルテル事件」の審決に示された公正取引委員会の次の見解が参考になるであろう。

すなわち、「私的独占禁止法および事業者団体法の運用のためには公正取引委員会なる独立の官庁が設けられているのであり、これを裁判所の再審査を条件として唯一の公権的解釈および適用の機関となっている。たとえ政府の機関といえども、その他の行政官庁がほしいままに本法を解釈することは許されない。ゆえに多数行政官庁当局者中たまたま本法の精神を理解せず誤った指導をなすものがあったとしても、事業者またはその団体は各自、法の命ずるところが何であるかを判断してこれに従う責任があるものであることは言をまたない。官庁の指導の有無はあるいは罰則適用の際しんしやくすべき情状となることはありうるかも知れないが、違法の状態を排除するに必要な措置をとるべき事業者またはその団体の責任を軽減するものではない」（昭和二七・四・四審判審決・審決集四巻一頁）。

第一二節　排除措置の内容

排除措置は、違反行為をやめさせ、違法な状態を除去するために行う行政上の処分だが、不当な取引制限の場合は、カルテル協定の破棄、その旨の周知徹底、これらに関する公正取引委員会への報告が基本的な事項である。

最も事件の多い価格カルテルに関する排除措置の典型的な内容を具体的に示すと、次のようになる。

1　カルテル協定の破棄カルテル参加者は、価格協定を破棄する決議を行い、参加企業においては取締役会等でこれを確認する。

2　周知徹底取引先や需要者にカルテルを破棄した旨と今後は参加者が自由な価格で取引する旨等を書留や新聞広告等で通知する。

３　公正取引委員会への報告前の１については破棄決議書や取締役会議事録等を、２については書留郵便の内容と発送の証拠や新聞広告の実物等を公正取引委員会へ提出する。

以上の他に、将来の違法行為の禁止、共通の意思を醸成する行為の禁止、実行行為の停止等、各種の実効性確保処置がとられている。

なお、排除措置の目的は、過去の事実に基づく制裁ではなく、現在存在する違法状態を除去し、将来に向かって継続することを防止することにある。そこで、違法行為者が、違反行為を除去するための措置を自発的にとった場合等のように、違法状態が既に解消したと認められるときには、排除措置を命ずる必要はないことになる。

しかし、違法行為がなくなっていても、将来繰り返されるおそれがある場合には、その予防のためこれと同様な行為を将来に向かって禁止することは、その禁止される行為の範囲が明確である限り、必要にして適法な排除措置に含まれる。昭和五二年の法改正により、独禁法第三条等に違反する行為に対しては、既往の行為に対しても、特に必要があると認めるときには、当該行為がなくなってから勧告または審判手続が開始されることなく一年（現在は五年）を経過した場合を除き、所定の手続に従って排除措置を命ずることができるように改められた。

第一三節　価格の原状回復命令

現状の排除措置命令では、価格協定によって形成された共同の認識は打破され難く、価格競争を復活させるには十分でない、と指摘されている。そのため、維持されている価格水準を変更させ、競争的な価格の不安定状態を人為的に作り出すことが必要ではないかとされ、価格協定前の価格を価格競争の出発点とすることが妥当であると提言する学説がある。価格の原状回復命令により、カルテル参加事業者に対して、一定期間、協定前の価格水準以下までに販売価格を引き下げることを命ずるわけである。

公正取引委員会は、現行法のもとでは価格の原状回復命令を発することは不可能である、という立場をとっている。学説は、否定説と肯定説に分かれている。

否定説の代表として今村成和教授は、公正かつ自由な競争を目的とする独禁法にあっては、価格協定が価格競争を制限していることが違法とされるのであるから、排除措置の範囲は、協定の破棄とその趣旨徹底のための補完的な措置にとどまり、価格の原状回復命令は企業の自由を制限する価格統制につながり得るものであって、独禁法の許容するところではない、と主張している。

これに対して、肯定説の代表として実方謙二教授は、価格協定が競争制限的であるのは、単にその協定に当事者が拘束されているからではなく、協定締結によって他の協定当事者の価格行動に対する予測が成立し、協定実施によって予測が確信に変わるという情報交換機能が存在するためであるから、カルテルの排除措置としては、価格協定によって人為的に形成された共同の認識を打破しなければならず、そのためには協定価格前の水準に価格を引き下げることによって、競争的不確実性を導入することが必要である、と主張している。

原状回復命令の他に、価格改訂命令も考えられる。これは、守るべき価格水準を特定するものではなく、現行の価格はカルテルによって決定された価格であることを根拠として、その改訂を命ずるものである。この命令もこれまで命ぜられた例はない。この命令では、価格の改訂幅が小さくてもよいので、価格競争を回復する効果はそれ程大きくはない。

第一四節　カルテルの刑事罰

独禁法第八九条一項一号は、第三条の規定に違反して不当な取引制限（カルテル）をした者を、三年（現在は五年）以下の懲役または五〇〇万円以下の罰金に処す旨を定めている。この刑罰は、公正取引委員会の専属告発になっている。したがって、公正取引委員会の告発を待って、これを論ずる、すなわち刑事訴訟手続を開始することになっているわけである（独禁法九六条一項）。

独禁法上最初の刑事事件である石油価格カルテル事件について、昭和五五年九月二六日、東京高等裁判所は有罪として、最高裁判所も、ほぼこれを維持した（最高裁昭和五九・二・二四審決集三〇巻二四四頁）。

最近もカルテル事件について多数の告発がなされ、その刑事責任が追及されている。

第一五節　課徴金制度

前述したように、カルテルに対する制裁として排除措置命令という行政処分を行っても、既に実行されてしまったカルテルによって行為者が得た不当な利得は、そのまま行為者の手中に残ることになる。とりわけ、価格引上げカルテルのときは、その結果は明瞭であろう。

後述するカルテルの被害者による実行行為者に対する損害賠償の追及は、我が国では殆ど成功していない。そこで、カルテルのやり得を防止するために、昭和五二年の独禁法の改正で、カルテルに対する課徴金制度を導入した（独禁法七条の二、八条の三）。

この課徴金は、カルテル規制のための実効性ある手段を追加するものであり、排除措置とは別個に、違法なカルテル参加事業者から、カルテルにより取得したとみなされる不当な利得を法律の定めた一定の基準に基づいて国庫に納付させることにより、カルテルのやり得を防ぎ、これに対する抑止効果をねらいとするものである。

課徴金の法的性格は、公正取引委員会の有する行政権限に基づいて、賦課徴収されるものであるから、行政罰ではなく、むしろ税法上の重加算税に近い性格の行政処分であると解される。

したがって、罰金と課徴金の併課もあり得ることになる。これは同一事犯に対する二重処罰ではないとされている。

結局、課徴金の本質は、不当利得没収のための行政上の措置であり、通説の見解に従うと、課徴金を科するかどうかについて公取委に裁量権はなく、違反事業者について課徴金の納付を命じなければならないとされている。また、課徴金と損害賠償とは何らの関係もないと考えるのが通説だが、私見では大いに疑問があり、この点について後に詳しく述べる。

課徴金制度の概要については、その後、平成三年、平成一七年、平成二一年の改正で、カルテルへの抑止力を強化するために、将来の運用をふまえて制度が全面的に改められたので、その説明を省略する。

第一六節　損害賠償制度

独占禁止法第二五条は、私的独占もしくは不当な取引制限をし、または不公正な取引方法を用いた事業者は、被害者に対して損害賠償の責に任ずると定めており（二五条一項）、しかもこれを無過失責任としている（二五条二項）。しかし、この損害賠償請求権は、裁判所の審決が確定した後でなければこれを主張することができず、かつ、審決確定の日から三年を経過したときは、時効によって消滅する（二六条一項、二項）。

この独禁法二五条の規定による損害賠償請求権と民法七〇九条の定める不法行為による損害賠償請求権との関係について、その請求権は競合すると考えるのが通説であり、判例も通説に従っている。たとえば、東京地方裁判所は、「もともと独禁法第二五条の規定は、私的独占禁止法に違反する行為をした事業者に特殊の無過失損害賠償責任を負わしめることによって被害者の救済を容易にし、あわせてこの面から間接に独禁法違反防止の目的を達しようとする政策に出るものであって、右行為が民法上の不法行為に該当するときはたとえ審決がなくとも被害者が民法第七〇九条の規定に基づく損害賠償請求権を裁判上主張することはなんら妨げられないところであって、独禁法によると民法によるとで被害者はその救済に難易はあるが、たまたま独禁法上の無過失賠償が与えられないとしても元来固有の民法上の損害賠償請求権には消長はない……」と判示している（昭和三五・七・二七審決集一〇巻一三五頁）。

このように独禁法違反行為について、被害者は違反事業者に対して、損害賠償請求をすることができるのだが、これまでの裁判例においては殆ど請求が棄却されている。この傾向について、学説の多くは裁判所の判断について非難しているが、私見では、損害賠償の請求が棄却されるのは当然のことではないかと思う。少なくとも昭和五二年に課徴金制度が導入された以上、損害賠償によって独禁法違反行為を抑止しようとすることは迂遠な方法であると考える。この点について、次に説明する。

第一七節　違反行為抑止制度の効率性

私見では、課徴金制度と損害賠償制度は、独禁法違反行為を抑止するという効果に関しては、代替性があると思われる。両者とも、違反行為に見合う金額を国庫なり被害者に出捐しなければならないのであり、出費を強いられるという点では共通性を有している。では、どちらの制度が独禁法違反行為を抑止する面で効率的であるかと言えば、課徴金制度の方がはるかに効率的であると断言できる。

私はかつて「独禁法の法の実現における命令的過料と私的損害賠償訴訟の効率性」という研究ノートを発表した（富大経済論集三三巻三号八二七頁、昭和六三年三月）。この研究ノートは「法と経済学」（law and economics）の手法に基づいてアメリカ反トラスト法の分析を行ったエリジンガとブライトの学説を紹介したものである。彼ら両名は、アメリカにおける反トラスト法に基づく損害賠償制度を経済分析した結果、この損害賠償よりも行政罰である過料（fine）の方が抑止効果が高く効率的であると結論している。とりわけ、実損害の二倍、三倍の賠償額を命ずることができる懲罰的損害賠償制度に強く反対している。

私は、彼らの論文の結果から、我が国における提言を二つ行った。第一は、課徴金の算定方法について現行の独禁法の規定を改正して、売上高を基準とする方法を廃して、違反行為の実行期間中における税引前利益の一定比率の課徴金を賦課すべきというものである。第二は、課徴金が課されている場合には、独禁法第二五条および民法第七〇九条による損害賠償請求権は消滅するということである。これらの提言は今日でも有効性を持っており、是非採用されるべきであると考えている。たとえ独禁法違反行為、とりわけカルテルを行ったとしても、違反事業者に過重な金銭の支払いを強いるのは果たして妥当なことであるのか、深く考えてみるべきではないだろうか。

第3章　課徴金と損害賠償の効率性

第一節　はじめに

近時、我が国において、経済学の立場からする法律制度の分析が盛んに行われるようになった。このような試みはアメリカにおいて顕著であり、law and economics（法と経済学）の分野を手掛ける学者も多数存在している。特に、反トラスト法の分析は、その法領域の性格からして、多数の業績が生み出されている。今後もこの傾向は強まりはせよ衰えることはないであろう。

私もこのような分析手法を等閑視していたわけではない。法律制度を経済的手法を用いて分析することは、興味があるばかりか、必要不可欠なことと考えている。それ故に、商法の研究から経済法の研究に進んだ経緯から、我が国の独禁法二五条訴訟の研究を始めたときに、この損害賠償訴訟制度の有効性に疑念を抱き、その効率性を解明する緒口に当時のアメリカにおける学説の検討に及んだのである。その際に、強く私に印象づけたのが、法の経済学による分析を試みたElzingaとBreitの分析結果であった。本論稿は、彼らの論文を読了している際、重要と思われる部分を抜き書きしていたものを再構成したものである。

この研究成果をもとに、私は、昭和五八年財団法人産業研究所に設置された競争政策研究委員会に参加し、昭和五二年改正で我が国独禁法に新設された課徴金制度との関連で独禁法二五条訴訟を再検討すべき旨を報告したのであるが、「法と経済学」という手法が余りになじみの無かった状況下では、拙論の趣旨が充分に理解されなかったようである。このような状況は現在でも変化がない。昭和六二年の経済法学会における質疑応答においても、「法と経済学」の立場からする私的損害賠償制度の非効率性に注意を喚起しても殆ど興味をひかなかったように感じられた。

そこで、松下満雄東大教授を座長とする経済法研究会において、「独禁法の法の実現における課徴金と私的損害賠償制度の関連について」と題して報告を行い、この報告の素材となった同名の論文の研究ノートを富大経済論集に発表した。したがって、本研究ノートをまとめるために抜き書きしたのはかなり以前のことであるが、その内容は今日的意義を失っておらず、今後ますます論議の対象とされることが予測される。

第二節　反トラスト法の分析における経済学の役割
――市場の失敗と公共財の供給――

ElzingaとBreitは、反トラスト法違反に対して、私人による訴訟によって損害の賠償を取得するという現行のアメリカ法の立場が果たして効率的なものであるか否かについてこれまで研究がなされてこなかったのは、奇妙なことであると指摘し、彼ら両名がその分析の枠組を提供することを宣明する(1)。

その出発点は、独禁政策を経済理論にいわゆる公共財（Public goods）の枠組みの中に置く。経済学において、独占（monopoly）は市場の失敗（market failure）の一例として取り扱われている。他面において、反トラスト法の目的は競争を促進し競争条件の不当な制限を阻止することにある。したがって、競争を促進するという公共政策は、経済分析の見地からして、市場の失敗と取り組む試みとして説明される。すなわち、市場の失敗は政府の干渉を正当化するのである。

これを敷衍すると、市場の失敗は、市場の参加者の任意の交換が望ましい行動を維持しないか、または望ましからざる行動を排除しない場合に生じる。このような市場機構によっては計算され得ない生産（または消費）の排出効果（spillover effect）は、外部性（externalities）と呼ばれ、通常、公共財とともに想起される。公共財の特徴は、その不可分割性（indivisibility）と非排除性（non-excludability）にある[2]。不可分割性とは、一人による財の消費は他の消費の可能性を減じないこと、すなわち、公共財は複数多数者の消費を同時に許す性格をもっていることである。また、非排除性とは、ひとたび分割できない財が供給されると、その使用代金の支払を拒否する他人を財から生ずる利益の享受から排除することは経済的には不可能になるという性格である。国防は最も純粋な公共財の伝統的な一例である。公共財は、自発的交換制度を通じては、私人によっては最適量が供給されない。〝タダ乗り〟（free ride）の誘因を総ての人々が持っているからであり、ここに市場の失敗の契機が存在している。市場の失敗は、公共財の政府による供給という政府行動の中核を正当化する。

以上の考察をふまえると、独占禁止政策は、単に公共財を供給する手段に過ぎないが、伝統的には独禁政策をこのように取り扱ってはいない。ミルトン・フリードマンは、政府の干渉のために、公共財の存在および独占という二つの異なる正当理由を挙げているが、これは差異があるものではない。実際上、独占の除去は最も純粋な意味における公共財である。「共謀のない市場というサービスの享受」は、フリー・ライダー（free rider）をその享受から排除しえないし、またそれは経済的ではないが故に、公共財の政府による供給に該当する[3]。

仮に、取引費用（transaction cost）および情報費用（information cost）が存在せず、人々がフリー・ライダーとして行動しないような世界を想定すると、競争市場の利益は、限界費用と同一の価格で産出物が生産されることによって、すみやかに確保される。消費者の利得（消費者余剰の増大）は企業の独占利潤の減少より大である。独占企業は、生産物をより低価格でより大量に供給することによって、独占行動を放棄する代償を得ることができる。独占企業も消費者もより一層裕福になる。しかし、フリー・ライダー問題が生じると、消費者間の情報交換費用や交渉費用（negotiation cost）が混合してくるので、競争市場の確立は、古典的な意味における公共財となる。このような例においても、競争市場という公共財を供給する政府の干渉は説明可能なものとなり、反トラスト政策は、独占という負の公共財（public bad）を排除する試みの代表となる。

もっとも、公共財の存在の説明は、それ自体では、当該財が政府によって供給されるべきであるという議論に連なるものではない。その結論は、消費者の厚生における潜在的利得が存在していることを浮かび上がらせ、また、外部性を内部化する制度的調整が考慮されるべきことを単に示唆するに過ぎない。反トラスト法はこのような考慮を具現化したものである。これら立法は、公の法の実現（public enforcement）を私の法の実現（private enforcement）と混合することを通じて競争的活動を刺激しようと試みる。しかし、独占問題の解決にとって、このアプローチはどの程度効率的であろうか。

第三節　法の実現の効率性（Enforcement Efficiency）

反トラスト法が政府による公共財の供給の具体化としても、その反トラスト法の効率的な法の実現が追求されなければならない。従来、経済学者の関心は、反トラスト法の特定部分の適用が実際に競争を減じるかにあった。しかし、彼ら両名は、私的な法の実現（private antitrust enforcement）に内在する非効率性（inefficiency）に関心がある。それは、私的三倍額賠償訴訟にみられる賠償（reparation）を誘因とする私的な法の実現を強く支持してきた法律家および経済学者の通念についてかなり深い疑念を抱いているからである(4)。各種の検討の後、ElzingaとBreitは、より好ましい選択肢として、独禁法の効率的な運用は、反競争的慣行を抑止する公共部門のアプローチに多大な信頼を置くことによって最もよく達成されるのであって、効率性のメリットを相対的に評価すると、私的訴訟的アプローチは決して効率的ではないという結論を導く。

では如何なる論拠から公的法の実現の効率性が検証されるのであろうか。この問に対して、反トラスト法において、誰に独占的行動の責任を負わせ、また、どの程度そのルールが厳格であるべきか反問される。現行法では、独占的行動につき独占者に責任が課されている。すなわち、独占者は反競争的行動に対して制裁を課せられるのである。類似した事例に、製造物責任（products liability）または不法行為（Torts）において、加害者もしくは被害者いずれの当事者が危険を回避するのに相対的に有利な地位にあるのか問題とされうる。そして、製造物責任の分野では、商品を製造した企業が責任を負わせられることになっているが、このルールは、概念的にも歴史的にも従来の不法行為理論に反しているのである。この点に関連して、「法と経済学」の研究において最も広範囲に参酌されるロナルド・コース（Ronald Coase）の業績が存在する。いわゆるCoaseの定理と呼ばれるものである。Coaseの分析によると、責任（liability）の原則を如何に定めようとも、つまり責任を加害者（独占者）に負わせても、被害者（消費者）に負わせても、生産の限界費用に対して、短期的にも長期的にも影響を及ぼさず、それ故に、産出高の最終的構成には何らの効果をもたない、とされる。その注目すべき結論は、Coaseも指摘しているように、費用のかからない市場（costless market）を仮定している。すなわち、取引費用、情報費用もしくは監視費用がない世界であって、言い換えると、古典経済学の自由放任政策による解決が、経済的な総産出高の価値を極大化するという条件下では唯一の正しい解決方法であるような世界を想定している。この命題を証明するために、Coaseは、人々がタダ乗り（free ride）を試みる誘因（incentive）が存在しないと仮定していた。このような世界では、独占的歪曲（monopolistic distortion）に対する責任（fault）の割合は、同様に、効率性の観点からは不適切ということになろう。主要な命題は以下の点である。仮に、超過料金から生じる損害に対する責任が独占者に課されるならば、彼は独占的行動を中止するであろう。しかし、反対に、責任が消費者に割り当てられても、終局的な結果は、同様に独占の除去に至るであろう。

何故ならば、消費者は、円滑かつ費用がかからずに、独占者を捜し出して彼をして競争的に行動するように勧奨するからである(5)。

然して、Coaseの想定する世界は我々に関連する現実の世界である。そして、Coaseの分析は、交渉や取引が時間および資源を使用尽くす事例にも多大な注意を向けていることから、反トラスト法に関する問題についても、同様に、正しいアプローチの緒口であることがわかる。事実、市場取引費用が正（positive）である世界では、アプリオリに効率的な産出に導く単一または一連の政策は存在しないことを、Coaseは強調している。公共政策は、その政策から結果する生産価値の利得（gain）に対して、生産価値の損失（loss）をバランスさせるように、試みなければならない。

Coaseの分析の枠組に投入されるならば、独占的行動に含まれている費用は、外部性と同一の性格を持つものとみることができる。もし、責任が消費者に課されるならば、独占者は、その製品の消費者に対して、消費者余剰の損失という形態で損害を引き起こす。しかし、責任がある種の反トラスト法を通じて独占者に課されるならば、その独占者の消費者は、法によって独占的行動を終結させると主張することによって、独占者にコストを課すことになる。これは独占収入を喪失するというコストである。このような状況設定においては、責任（fault）という問題は殆ど関係はない。真の争点は、取引のどの当事者が独占から生ずる資源の誤った配分を阻止するに際して、最も効率的な立場にあるかということである。解決法の選択肢は、①責任を全部独占者に負わせる（現行反トラスト法の立場）、②責任を全部消費者に負わせる、もしくは、③両者に責任を課す、のいずれかである。彼ら両名の採用する解決方法は、③の方法であり、総産出高の価値を極大化するためには、ある程度の責任が独占者に課せられるが、独占的行動に対する責任は独占者と消費者双方で分担される、と主張する。その結論に至る前に、次に、私的な法の実現に伴う欠陥を検討する。

第四節　私的な法の実現の欠陥

反競争的活動を除去するために私的部門（private sector）の活動に依拠するというアプローチから生ずる非効率性は三つの源泉から発生する。第一は、不当な誘因効果（preverse incentive effect）、第二は、誤った情報効果（misinformation effect）、および第三は、賠償費用（reparations costs）である。

第一の不当な誘因効果とは、私的当事者は、独占的企業によりなされる損害が当該損害を回避するための費用を超過する場合には、自分の行動を修正することを無視すること、もしくは、消費者は、反競争的行動によって彼が被る損害を増大させる目的でその行動を修正すること、を意味する。反トラスト法においては、実際の損害額以上の損害賠償（三倍額）を受け取る可能性があるので、損害額より予想される補償額が大きい場合には、被害者が意図的に損害を被って三倍額賠償の徴求から利益を得ようとする誘因が発生する(6)。

第二の誤った情報効果とは、私的当事者は、実際には反競争的行動が存在しない場合にも、訴訟を提起する傾向があること、言い換えると、この効果は、事実に基づかない反トラスト法の違反行為についても訴追が生じることを意味する。このタイプの訴訟は、普通、迷惑訴訟（nuisance suit）と呼ばれており、訴訟手続を追行することよりも、被告が幾らかの金銭を支払って訴えを取り下げさせることを期待して提起されるものである。

その結果として、価格の上昇を招く。この種の訴訟は、費用を増大させることによって、原告によって被告に税金が課されたのと同一の効果を有するからである(7)。

第三の賠償費用とは、私的な法の実現においては、損害賠償額の算定およびその配分において稀少な資源が使用されることを意味しており、このことは、賠償が一切されない公的法の実現とコントラストをなしている(8)。

要約すると、効率性の観点からは、反トラスト法の実現において私的当事者の賠償に頼るという現行方式には三つの欠点がある。第一に、原告に対する予想支払額が独占的行動を完全に抑圧していないならば、私的訴訟は、不当な誘因の豊富な源泉となる。第二に、私的訴訟を刺激するために補償制度を使用することは、迷惑訴訟（nuisance suit）という形において誤った情報を発生させる。第三の三倍額訴訟に伴う重大な欠陥は、現実の資源が違反者の有罪決定のみならず損害賠償額の算定においても利用されるということである。後者の損害賠償訴訟における資源の利用という欠陥は、より好ましい代替的な目的に使用可能であった稀少な資源の浪費という意味を含む。前二者の私的訴訟に伴う欠陥と異なって、後者の欠陥が包含するコストは、三倍額賠償規定の直接的効果であり、反トラスト法の元来の提案者によって明白に予定されていた。それにもかかわらず、裁判所における三倍額賠償事件の急増およびそれに随伴する処理能力の不足問題は、より低コストの代替的解決手段の探究が実り多いことであろうことを示唆している(9)。

第五節　効率的な解決方法の検討

独占における損害賠償が外部性に対応する同一の性格を有することが理解されるならば、真の争点は、以上において議論したように、独占の好ましくない経済的効果に対する責任をどこに置くかということである。その責任を反トラスト法の違反者に杓子定規に課し、被害者に補償すべきことを要求することは、それは潜在的に補償を得る者の動機を変え、意図せざる正反対の効果を引き起こすが故に、効率的な解決を許容するものでない。このことは補償のための手続が費用のかからないものであっても妥当するし、まして、補償手続が費用のかからないものでないことは明白である。

Coaseの分析は、現行の三倍額賠償という厳格責任と対比して、消費者に責任を課すことが考慮されるべきことを示唆している、しかしながら、独占者に何らの責任を課さないで消費者へ責任を移転することが効率的でないことは明瞭である。そのような処理は反トラスト法を保有しないのと等しい。そこでは、消費者は、独占的慣行から発生する損害の全負担を受け持つことになってしまうのであろう。結局、完全な自由放任アプローチから得られる便益には、厳格な制限が存在するということである。Coaseの主張を忖度して最適性を達成する、つまり総産出高の価値を極大化するためには、ある程度の責任が独占者に課せられなければならない。交渉は実際的でなく、またその完全な代替物も存在しないので、政府の行動を通じた解決方法の発見に考慮が払われなければならない。この場合に、最適な解決方法とは、まさしく他の社会的費用の事例でCoaseが正当であると証明したのと同一の種類のものである。最適な解決方法とは、被った損害についての補償を取り立てることでもないし、また独占を依然として現状通りに残存することを許容するものでもない。Coase自体、他のタイプの責任問題を論ずる際に、ある種の事例では、損害の責任は、最適な解決を達成するために分かち合わねばならないことを示唆している。

では、このような指針は、反トラスト政策の文脈では如何なる意味を有するか。その解答は、独占的行動に対する責任は買手と売手の双方に課せられる、ということである(10)。理想的な解決方法の下では、独占的売手は、総ての独占的行動を中止し、かつ思い止まるように意思決定するに充分な金額の過料（fine）を課せられるが、他方で、彼らから商品を購入した者については、誰であれ一切補償を支払うことを免除される。買手は、売手と同様に、「責任」を分担する。補償の可能性が全くないから、不当な誘因効果および誤った情報効果は排除され、また補償手続の複雑さおよびその費用は消滅する。

もっとも、私的な法の実現の頑強な支持者にとって、このような提案は是認されないように思われるかもしれない。これらの論者は、原告が受け取る賠償額を増大させることによって、ある段階で独占的行動を完全に抑止することができる、と主張する。この金額の増大は、二つの方法のいずれかもしくは両方によって達成される。第一は、勝訴原告に支払われる損害賠償額の倍数を増加させる。第二は、私的訴訟の原告の勝訴を有利にするように、訴訟手続を容易にする。たとえば、原告適格(standing)を認容する方法でルールを改める。不抗争(nolo contendere)の答弁を私的損害賠償訴訟において有責(guilt)の一応の証拠(prima faicie evidence)として使用する。損害額の証明の基準をさらに一層引き下げる。あるいは、集団訴訟(class action suit)の手続を一層容易にする等々。

一見すると、このような提案は、私的訴訟の道徳的危険性(moral hazard)を大幅に除去するように思われるが、詳しく検討すれば、この結論は疑わしい。独占が抑止されるまで私的な支払額を増大させることによって、もちろん、終局的には不当な誘因効果が排除されるとしても、他の効果を悪化させる。損害賠償額が増大すると、誤った情報効果も増大する。迷惑訴訟は、被告が原告の請求が根拠のないものであることを容易に証明できず、有責とされる見込みが充分あると予想されるときにしばしば提起される。そして、被告の敗訴の危険が大きく、予測される支払額が大なるに従って、判決によるのではなく和解に応じようとする願望が大になる。したがって、原告に対する支払額を増加したり、あるいは原告の出訴や勝訴の途を容易にする手段によって、独占的行動を抑止するいかなる試みも、独占行動の程度に応じて、当該制度が作り出す誤った情報の量を増加させる、と予測することができる。私的訴訟制度の下では、総抑止力ですら効率的な抑止力たり得ない。何故ならば、資源が迷惑で恐怖を呼び起こす訴訟に誤って配分されているからである。実際上、独占的行動を完全に除去する総抑止力に接近すればするほど、この種の資源の誤った配分の度合が増大するのである。

ElzingaとBreitは、詳細な検討は後述するが、最適の解決方法の近似として、独占的行動が実行された年度の企業の税引前利益の二五％の金銭的過料（monetary fine）が賦課せられるべき旨を提案する(11)。この提案は、彼らの評価によると、たいていの危険を嫌う経営者を独占的行動から抑止するのに充分であると思われる。この過料は、少なくとも現在の程度の抑止力を遥かに安い費用で、あるいはより多大な抑止力を同一の費用で達成することを社会に可能にさせる。この命令的過料（mandatory fine）であれば、司法省反トラスト部および連邦取引委員会は、反トラスト法違反者を発見し有罪とするために使用される資源量を変更することにより、独占的行動の総量を増加もしくは減少させることができるであろう。換言すると、反独占行政機関は、許される調査活動および訴訟活動の総量における限界的増加を通じて政策を調整することができる。反トラスト法の公的実現においては、訴追の蓋然性と処罰の最適な結合はより容易に推計されるであろう。反対に、私的訴訟によるアプローチでは、かような成果が得られることはあり得そうもない。違反者を逮捕し有罪にするために割り当てられる資源量は、議会による立法という動きの鈍い手段を使用するか、もしくは、私的訴訟を提起することを容易あるいは困難にする裁判所の決定によってのみ、変更することができる。しかしながら、公の法の実現によるならば、反独占行動の総量の変更は、独禁当局のために議会が特別財政支出の金額を変更し、かつ独禁当局がこの資源を裁量的に使用することに変更することだけで、達成することができる。この政策（公的行動を通じてのみ許容される）は、かくして、より速くかつより予想可能な反トラスト法の実現を、当然の結果としてもたらすであろう。この提案に対して考えられる一つの批判として、独禁当局は、違反者に対して賦課金を請求する代りにわいろ（bribe）を受け取る誘惑にさらされるという議論がある。過料が高額になる程に不正行為の誘惑が多くなるであろうし、また、独禁当局を管理するために必要となる監視費用も増大する。しかし、不正行為を取り除く代償制度を発達することができる。担当官に支払われる報酬が高い程、職務の信頼に違背するコストが高くなる。一つの代替手段は、不誠実に対するペナルティーを増大させることができる。言い換えると、不誠実から行政担当官が受け取ることができる利得より、その解任に伴うコストを引き上げる必要がある(12)。

第六節　公的法の実現に関する疑問点

最適な過料（optimal fine）を賦課するという公的な法の実現方法について、それ自体の効率性を疑問とする意見がありうるが、最も重大な反論は、公的法の実現が被害者に対する補償（reparation）を全く排除することの公平性（equity）にある。伝統的な三倍額賠償訴訟の正当化は、結局のところ、被害者に補償することが求められ、必ずしも効率的な抑止機能を供給することに向けられたものではなかった。しかし、公平の問題は、効率性の問題から容易に切り離されることはできない。真の問題は、完全な公平という規範的な目的、すなわち完全な復旧を達成するために、社会は、現実の収入という形態において、どの程度進んでその減少を甘受するかという点にかかっている。前述の箇所で検討したように、補償において公平を達成するためには、不当な誘因費用、誤った情報の発生に伴う費用、および補償費用と呼んだコストを含むことを覚悟しなければならない(13)。

まず最初に、現在の経済学的知識水準では完全な公平を達成させる能力は存在しないことを理解すべきである。独占的慣行から損害を被った総ての当事者に完全な補償をするためには、独占による歪曲の影響の範囲を正確に理解することが要求される。すなわち、独占業者から直接購入した個々の消費者のみならず、独占業者に始まり最終消費者に至る取引をした総ての中間業者から購入した個々の消費者の消費者余剰における損失が算定されなければならない。しかも、これが総ての作業ではない。独占状況下で、独占されている商品の限界評価が独占価格未満で、かつ競争価格以上であることを証明した消費者のみが補償を要求することになる。さらに、独占は購入者に影響をあたえるだけでなく、生産の諸条件にも同様に影響を与える。

独占によって損害を受けた者を特定し、その損害の程度を算定することは、租税の影響範囲または負担を決定する問題に類似している。租税が市場において消費者と生産者が直面する相対価格の間にくさびを打ち込むのとまさに同様に、独占者は、限界費用を超える価格を付すことにより、異なる消費財と中間財が生産される割合と相対量および生産要素の供給が結合される比例的割合を変更させる。従来、誰が実際に様々の租税を負担するかについて、殆ど注意が向けられなかったのであり、この点については、まだ充分に解明されているとはいえない。

最も重要なことは公平な無料ではないということである。独占から生じる総ての損害の完全な開示を可能とすべく経済科学が進歩し、裁判所がその成果を適切なものとして認容したとしても、依然として補償に付随する社会にとって重要なコストが残る。誤った情報効果は、完全な開示制度の下では、多分消滅するであろう。しかし、損害額の算定問題が解決されるためには、不当な誘因効果および補償費用が残るのである(14)。

かくして、私的損害賠償訴訟の欠陥を是正するために、ElzingaとBreitは、独占的行動を抑制するための単純な提案、すなわち補償を伴わない最適の過料（a optimal fine without compensation）を提案する(15)。この提案は、反トラスト法の実現が公共財としての性格を有することに適合し、かつ独占による損害が外部性と同種の性格を有することを認識している。また、この提案は、損害を受けた当事者に公平に補償する際に生ずる数多くの困難性を回避し、補償それ自体の効率性を根拠に疑問視する厚生経済学における最近の発展に符合している。さらに、不当な誘因効果および誤った情報効果から生ずるコストが取り除かれ、補償費用は削除される。かくして、このような過料制度は、数多くの解決手段が最善のものでもせいぜい不完全にしか達成できないことを、巧妙かつ機敏に達成することができる。

第七節　過料制度の具体的内容

ElzingaとBreitは、最適な解決方法に近似する制度として、違反行為が実施された年度における企業の税引前利益の二五％の過料（fine）を違反事業者に課するべきことを提案する。この提案を導出するために検討した事柄を以下に述べる(16)。

理想的な過料は、各企業にとって反トラスト法に違反することがない程度に充分に多額であるが、違反事業者をして事業から退出せしめたり、アメリカにおける公平の観念を侵害する程に大きくあってはならない。かくして、絶対的過料基準は、小規模企業には抑止力となるが大企業にとっては抑止力とならないので、比例的過料基準を採用するのが望ましい。この比例方法の決定は、危険を犯すことが嫌いな経営者を抑止するに丁度充分な程度に各企業を損傷させるものでなければならない(17)。

四つの企業の支払能力の基準が考えられる。一つは経営者の報酬であり、この場合には、経営者自体に過料が課されるが、この方法は有益ではないと思われる。他の三つは、違反企業自体について過料が算定され、かつ賦課されるものである。第一は、売上高基準（sales standard）である。ネーダー（Nader）研究グループの基本的提案では、初犯者について、違反期間における企業の売上高の一%ないし一〇%の過料を課し、五年以内の再犯者について、五%ないし一〇%過料を課すとされている。しかし、売上高基準を利用する便益は、売上高へ過料を課すことがある種の企業に対して持つと予測される不釣合いな強烈な衝撃を相殺する以上に過大である。売上高利益率が低い企業は売上利益率の高い企業より打撃が大きい。事実、一%ないし五%の過料は、多くの製造業ではもちこたえることが可能であるが、小売業に悪影響を与え退出率を高める。その故に、売上高基準による過料の有する抑止力、公平度、および破壊的影響力は、違反企業の性格によって過度に変動するので、売上高基準は拒絶されるべきである(18)。

第二の基準は、資産基準（assets standard）である。この基準にも、企業に対する衝撃度が過度に変化するという同一の問題を生じる。同一の違反行為でも、資産利益率の低い企業は高い企業より現実には割高な過料を支払うことになる。たとえば、製造業における反独占的行動の抑止に必要な程度を超える過料は、相対的に少ない資産しか保有しない小売業その他の流通業の経営者に対して抑止力を持たない可能性がある。また、減価償却方法が産業毎に異なることによって資産額に多大な影響を及ぼすという事実は、過料制度を設計する際における資産基準の有用性を一層減少させる。さらに、インフレーションの間は、資産は原則として取得原価で評価され、古い企業では資産が低く評価されている可能性が強いので、資産を基準とする過料は、古い企業より新しい企業により多大のハンディキャップを課すことになる(19)。

第三の基準は、利益基準（profit standard）であって、効率性、運用の容易さ、および公平度からして前二者の基準より遥かに望ましい安定した基準であり、利益基準を採用する便益はその費用を上回る。特に、反競争行為が実施された年度における違反企業の税引前利益の二五％の命令的過料（mandatory fine）によって処罰されることが適当である。その際に、政府に対する税の申告書がこの制裁に関連する利益額を決定する非常に便利な基準を提供するであろう(20)。

ここで二五％という数字は、反トラスト違反に帰因する企業の利益の算定でも、企業の反競争行動によって社会がこうむった資源のミスアロケーションという損害の算定でもない。補償に関連しているというよりも、むしろ、この提案は抑止力に向けられている。したがって、二五％という数字は神聖不可侵な数値ではなく、抑止力を持つペナルティーについての判断に基づいている。企業の所有者から相対的に独立している経営者ですら、この程度の衝撃力を有する過料であれば、脅威を感じるであろう。他方で、二五％であれば、違反企業の事業から退出する程に高いとは思わないし、またたいていの人々に公平の観念を害する程に重荷になるとは思われない。このパーセンティジでの法の施行の経験において、独禁当局がまだ違反行為をカバーし得ない事態が頻繁に生じるならば、議会は、反競争行動が殆ど発生し得ない程度に、数字を引き上げることで調整できるであろう(21)。

もちろん、会社の利益の一定比率に過料の金額を基礎づけるにあたって困難な点もある。第一に、各企業、各産業で会計慣行が異なることによって、不釣合いな結果が生じる。第二に、費用の伸縮性は、利益隠しの誘因を追加する。これらの問題は重要であると考えられるが、それらは、税法における利益概念を反トラスト法のペナルティーを計算する最終の基礎とするのではなく、むしろ計算の出発点として利用する規制手段を案出することで解決されるであろう。比例的割合基準に伴う最後の困難性は、利幅を調整することとを除去することと思われる。このような異義から、累進的過料制度が適切であると示唆されるかもしれない。とにかく、累進的過料は、違法な会社活動から得られる利益額を極大化しようとする誘因を、潜在的違反者により少なくしか与えない。しかし、更なる考察を加えるならば、比例的過料においてさえ、意図的に反トラスト法に違反することによって獲得する利益額を縮小させようとする誘因が働くことである。したがって、利幅の調整は、均一レートの過料の下でも行われるものである。

結局、利益基準によって反トラスト法における過料を決定することの便益は、この基準を使用することに必要となる費用を上回る。アメリカの経営陣が一般的に危険を嫌うものであることが仮定されるならば、金銭的な制裁に多大な信頼を置き反トラスト違反行為を抑止することがより効率的である。多数の武器の代わりに単一のペナルティーへの信頼を主唱し、かつ私的損害賠償訴訟―いままで「反トラスト法の最強の柱石」と呼ばれてきた機構―の除去を推奨することによって、反トラスト法の弱体化を要求しているものでないことを強調する。反対に、反競争行動を一層阻止する必要があると確信する。しかし、経済分析は、利益可能な反トラスト法の装備の費用と便益双方を考慮することを包含する。それ故に、ElzingaとBreitは、反トラスト法における代替手段間の相対的効率性や費用について殆ど討議しないで、総ての事柄を単純により多く推奨する反トラスト法に関する諸文献の共通の傾向、たとえば、過料の増大、拘留期間の延長、独禁政策のための政府予算の増加、当事者適格（standing）の拡大、裁判所へのアクセスの簡易化等々を提案する傾向にも全く追随しないのである(22)。

第八節　むすび

以上の考察から明らかなように、反トラスト法の実現において、過料は、他のいかなる抑止手段よりも効率的であり、その利点は、明白かつ説得力がある。不当な誘因効果および誤った情報効果に付随する非効率性は取り除かれている(23)。また、損害を算定し被害を受けた当事者に償うという殊勝ではあるがむなしい試みにおいて不可避的に使い果たされる希少な資源の追加投入は、代替的でより高度に生産的な使用目的のために回収される。実際、この武器は、独占問題につき伝統的見解を採用してきた経済学者にとって、最も同意しうるものとして訴えかけるはずである。それは、経済学的理由からして、他の武器は完全競争に近似する条件をもたらす試みに一致しないので、完全に活力がありかつ単一の意図に基づく反トラスト政策を正当化できる唯一の手段である(24)。

また、反トラスト法の違反者を発見して有罪とすることの増大に応じて、資源量がその方面に流出することに代えて、金銭的なペナルティーを増大する場合の方が、アメリカの経営者の危険に対する態度を考慮にいれると，より強力な制裁ともいえる。さらに，危険を嫌悪する企業の世界において，単一の高額の金銭的ペナルティーを使用することは，構造，行動，もしくは成果のいずれの基準の形であれ，適当と判断される独占禁止の結果を実現する誘因を供給することになろう。高額の金銭を強制的に取り立てるという提案は，どのような説得手段よりも反トラスト政策の擁護者にアピールするであろう。

最後に，私的損害賠償訴訟を改善する多数の試みと対照的に，ElzingaとBreitは独占的行動を抑止する単純な提案として，補償を伴わない最適の過料（an optimal fine without compensation）を示唆する(25)。この提案は，繰り返しになるが，反トラスト法の実現の公共財としての性格に適合し，また，独占による損害の外部性と同一の性格を認識したものである。かくして，多くの他の手段がせいぜい不完全にしか達成できないことを，過料は，巧みにかつ機敏に成し遂げることができる。反トラスト法上のペナルティーがその潜在的可能性の全成果を発揮すべきものならば，このような簡素化は絶対に避けることができない(26)。

以上の内容が，独禁法の法の実現におけるElzingaとBreitの見解の骨子である。簡潔にまとめると，独禁法の効率的な実現をめざすために，私的な法の実現と公的な法の実現を対比して，私的訴訟によるアプローチは効率的でないと分析した上で，より好ましい選択は，反競争的慣行を抑止する公共的部門によるアプローチに多大な信頼を置くことによって最もよく達成されると判断して、アメリカにおいて、金銭による命令的過料制度の採用を提案する。私も、両者の見解に基本的に賛成であり、我が国においては、昭和五二年に新設された課徴金制度の抜本的改革が必要であると痛感するが、その点に関する本格的な研究作業は他日を期したい。

しかし、我が国における独禁法の実現において、課徴金制度と私的損害賠償制度がどのように関連しているか、若干のコメントをしておきたいと思う。私は二点について現行の法律および法解釈が改められるべきと考える。第一点には、課徴金の算定方法について独禁法を改正して、違反行為の期間中における税引前利益の一定比率の課徴金を賦課すべきである。Elzinga と Breit の提案では、違反行為が実施された年度の税引前利益の二五％の過料であった。違反行為の実行期間に限るが、それとも違反行為があった年度の全決算期間に及ぶかという相違点があるが、ポイントは、売上高基準を利益基準に替え、税引前利益の一定割合とする点にある。従来、価格カルテルを実施しても赤字に終わっていた場合にも課徴金を徴求すると解されているが、この不合理が解消されるであろう。一定比率については、現行の法人税率である四二％（執筆当時）も参考になるのではなかろうか。第二点は、課徴金が課されている場合には、独禁法二五条または民法七〇九条による損害賠償請求権は消滅すると考えられる。これは本研究ノートの主要な論点であるから、通常の理解力のある人であれば直ちに納得されるところであろう。法律解釈で足りるがその旨を法律で明定することも考えられる。従来、公法と私法を分離して考える伝統が続いたので、このように公法上の制度と私法上の制度を関連性をもって把握する見解を奇妙に受けとめられる向きも強いが、「法と経済学」の手法を用いた制度分析によって始めて私の見解の真意が理解されると信ずる。なお、私の見解が反トラスト法の弱体化を意図しているものでない点を確認しておく。経済分析は反トラスト法を実現する手段の費用便益計算にまで及ぶものであり、代替手段間の相対的効率性やコストの問題を等閑視し、やみくもに独禁法の厳格化や規制手段の多様化を主張することは、賢明な法律家が採るべき態度ではないだろう。また、法律家であるから経済理論を学ぶ必要がないと考える風潮があるならば、憂慮すべき態度である。経済法学は、法律学と経済学の実りある共同作業の上に、美しい花を咲かせることができる学問領域である。この心構えは私自身への戒めともしたい。

最後に、東京灯油訴訟の最高裁判決（昭和六二年七月二日[27]）について簡単に言及する。本判決は、損害の立証につき厳格な立証を原告である消費者に課しているとされ、事実上、消費者が独禁法違反行為について損害賠償請求訴訟を起こす道が閉ざされることになった、と一般に受けとめられている。この点に関連して、根岸哲教授は、「課徴金制度と損害賠償請求とは、本来、相互に補完関係に立つものである。しかし、損害賠償訴訟活性化のための改善策が採られなければ、カルテルについては、実際上課徴金制度が損害賠償請求に代替する機能を果たすということになるであろう」と述べられている[28]。これでは最高裁判決の意義を半分しか理解し得てないと思われる。

課徴金制度は、本来損害賠償請求の代替手段として立法化されたものであり、課徴金が賦課されるべき価格カルテル等については、損害賠償の請求を行うことができないと解するのが最も論理整合性のある立場である。最高裁の意図を忖度するならば、このような立場を内に秘めて損害の立証という点で請求を棄却した、高度な政策的判断を包含した判決であり、請求棄却の結論は支持されるべきである。また、課徴金制度が新設される前のカルテル事件であり、消費者の訴権は当然に認められる事案であった。今後、課徴金制度と損害賠償制度の関連について、正面から判断することを裁判所に期待する。

なお、私的損害賠償訴訟が認められないのは、当該独禁法違反行為によって生じた被害者の損害が経済学で定義する「公共財」に該当する場合に限られる。しかし、その損害が私的な財としての性格を有する場合には、被害者から加害者への損害賠償が認められ、損害につき補償がなされるべきことは当然である。したがって、親会社による下請代金の値引請求が独禁法に違反するとして、下請会社から親会社へ我が国で初めて損害賠償訴訟が提起されているが[29]、この事案では直接の取引当事者間の補償であって、その補償の性格は公共財ではなく私的な財としての性格を有すると考えられる。

この種の訴訟が認められることは本稿の検討においても明らかであり、今後、我が国において増加すると予想される。また、下請代金の値引要求は、課徴金を賦課されるべき競争制限行為ではないから、この点からも本訴訟の提起は肯定される（なお、現在では課徴金制度の拡大適用により課徴金が賦課されることになった）。

以上、我が国では全く議論されていない問題について検討を加えてきたが、今後、より詳細な研究の継続とより緻密な理論の構築をめざして研鑽することを約束して、本覚書の締め括りとする。

【注記】

（1）Elzinga & Breit, Economic Analysis and Antitrust Law, 327. Elzinga & Breitは、“Antitrust Enforcement and Economic Efficiency: The Uneasy Case for Treble Damages”を一九七四年にjournal of Law and Economicsに発表し、これが前掲書に収録された。その後、この論文に基づいて“The Antitrust Penalties: a study in law and economics”をYale University Pressから一九七六年に出版している。後者の単行本の方がより詳細であるが、そのエッセンスは前者の論文に鮮明なので、“Economic Anlysis and Antitrust Law”に再収録された論文の内容を紹介し、注や引用も本書から行うこととする。

（2）op. cit., 328. なお、公共財の性質について異なる見解もある。たとえば、岡野・根岸編「公共経済学」有斐閣双書は、①非競合性、②非排除性、③非選択性、④不確定性の四つを挙げている。①非競合性とは、特定の個人の消費が他人の消費と競合しないという性質である。②非排除性とは、公共財がひとたび供給されるといかなる経済単位もその利用から排除されることがないという性質である。個々の経済単位からその利用に当たってその対価を徴収することが不可能であるか、あるいは、非常に高い費用によってのみ排除が可能であることを意味する。③非選択性とは、公共財がひとたび供給されると個々の経済単位が自由に数量的な選択を行うことが最早不可能であるという性質である。④不確定性とは、各経済単位が公共財のサービスを現実に利用するのが不確実な事象に左右され易いという性質である。また、ブキャナン（Buchanan）は、社会経済単位のすべてに便益を及ぼす外部性を持つ財およびサービスを公共財と定義している。市場の失敗は、広義の資源配分上の判断および制度的な選択に究極的には依存している。それ故に、社会的価値判断や制度的要因を考慮するならば、当該財の供給を「公共的」に行う方が望ましいとする社会的価値判断が公共財を公共財たらしめる十分条件である。

（3）op. cit., 329.
（4）op. cit., 331.
（5）op. cit., 341.
（6）op. cit., 332.
（7）op. cit., 336.
（8）op. cit., 339.
（9）op. cit., 339.
（10）op. cit., 341.

(11) op. cit., 342.
(12) op. cit., 343.
(13) op. cit., 348.
(14) op. cit., 349.
(15) op. cit., 350.
(16) 以下の検討は"The Antitrust Penalties"の中で行われているので、本注以降の引用は同書のものであることに注意されたい。
(17) Elzinga & Breit, "The Antitrust Penalities" p.132.
(18) op. cit., 134.
(19) op. cit., 134.
(20) op. cit., 134.
(21) op. cit., 135.
(22) op. cit., 138.
(23) op. cit., 150.
(24) op. cit., 151.
(25) op. cit., 152.
(26) op. cit., 153.
(27) 本訴訟の経過と最高裁判決の判旨は、判例時報一一三九号三頁以下、または公正取引四四四号七八頁以下を参照されたい。

(28) 根岸哲「石油カルテル消費者訴訟最高裁判決」ジュリスト八九三号五六頁、六三頁。その他の評釈として、来生新「東京灯油訴訟最高裁判決をめぐって」商事法務一一一二号二頁がある。

(29) 本訴は静岡地方裁判所に昭和六二年九月二六日提起されたものであり、その訴状の内容がＮＢＬ三八七号四頁以下に紹介されている。

第4章　不当廉売の規制

第一節　はじめに

不当に低い価格で物品を販売することは、不公正な取引方法の一類型として、独占禁止法によって規制されている。このような廉価販売を繰返せば、他の事業者に対して多大な影響を与えることとなり、やがては公正な競争秩序を阻害するおそれが生じるからである。スーパー等の大型販売店が顧客を誘引する手段として用いるおとり廉売が、この種の不当な廉価販売の典型である。公正取引委員会が不当廉売として審決した事案は、中部読売新聞社事件が初めてである。読売新聞社は、東海地方における販売部数を伸ばすために、系列会社として中部読売新聞社を設立した上で、これと業務提携を結んだ。中部読売新聞社は、朝刊だけで、月ぎめ購読料金五〇〇円で、昭和五〇年三月二五日から販売を開始したが、当時、中日新聞、朝日新聞および毎日新聞がいずれも統合版の料金一、五〇〇円であったので、五〇〇円は著しく安い料金であった。公正取引委員会は、この料金による販売は不当廉売の疑いがあるとして、発売日に緊急停止命令を東京高等裁判所に申立てた。裁判所は、この申立を認容し、昭和五〇年四月三〇日、緊急停止命令を出した。その内容は、審決があるまで、中部読売新聞社は一カ月一部当たり八一二円を下廻る価格で販売してはならないというものである。その後審判手続が開始されたのであるが(1)、中部読売新聞社の側から同意審決を受けたい旨の申出があり、排除計画書が提出された。公正取引委員会はこれを適当と認め、昭和五二年一一月二四日、今後一カ月一部当たり一、〇〇〇円を下廻る価格で販売してはならない等の内容の審決を行った(2)。この事件の評価については、既に多数の見解が発表されている(3)ので、ここで特に論ずることはしないが、後に不当性の判断基準に関連して検討を加える。

一般に、不当廉売については、研究者の関心が薄いようである。不当廉売が実施されると、一時的にではあるが商品の価格が下がり消費者の利益になるところから、消費者も不当廉売を規制するように積極的には要求しないようである。たとえば、公正取引委員会がおとり廉売防止のために、小売業における不当廉売についての特殊指定案を発表したことに対して、価格競争の機能を減殺するおそれがあるとして消費者団体から批判が強いのである。しかし、不当廉売を内容とする価格競争は、一時的には消費者の利益に合致するようにみえるが、やがて競争事業者に対して不当な不利益を及ぼすことによって、自由な競争によって良質で安価な商品を豊富に供給するという望ましい経済秩序を破壊に導くのであり、究極的には、消費者の利益に反することになる。それ故に、不当廉売それ自体を、競争を阻害するおそれのあるものとして、禁止しているのである。このように不当廉売の規制は、自由で公正な競争秩序を維持する上で、きわめて重要な役割を負っているので、これについて研究を進めることは意義深いといえる。今後、中部読売新聞社事件を契機として、この分野における研究も活発になると予想されるが、この論稿も、以上の認識から、不当廉売の規制について若干の考察を試みるものである。

予備的考察として、独占禁止法の規定を検討する。なお、条文等は原執筆時点のものである。同条二条九項は、不当な対価をもってする取引（二号）であって、公正な競争を阻害するおそれがあるもののうち、公正取引委員会が指定するものを不公正な取引方法として、一九条でこれを禁止している。これを受けて、一般指定五号前段は、不当廉売を「不当に低い対価をもって、物資、資金その他の経済上の利益を供給（すること）」と定義している。市場経済においては、商品の販売価格の決定は、事業者の自由な意思に委ねられており、消費者はできるだけ安い価格で良質な商品を手に入れようと欲するから、事業者にとって、品質および価格による競争、特に価格競争が販売促進の手段として重要である。独占禁止法は、かかる「公正かつ自由な競争」による価格形成を確保しようと努めるものであるから、事業者の価格決定に直接規制を加えることは原則としてあり得ない。したがって、販売促進の手段として価格引下げを実施することは、たとえ他の事業者の商品と比較して著しく低い価格であったとしても、正当な競争手段に止まる限りは、違法とされることはない。しかしながら、この段階を超えて、競争的な経済秩序を破壊に導くような価格決定に対しては、例外的に規制を加えるのであり、不当廉売の禁止がこれである。

廉価販売が不当であり不公正な取引方法として規制されるのは、当該廉価販売行為がその事業分野における公正な競争を阻害するおそれのある場合に限られる。独占禁止法は、形式的要件（行為の類型）と実質的要件（行為の不当性）とによって不公正な取引方法を定義しているので、低価格での販売という形式的要件を満たすだけでは不充分であり、「不当な」という実質的要件を満たすことが必要である。この「不当な」という用語の意味は、二条九項が「公正な競争を阻害するおそれがある」という要件を特に掲げていることによって、限定して解釈されることになる。つまり、対価の不当性を認定する基準は「公正な競争を阻害するおそれ」という要件との関連で問題とされなければならないのである(4)。したがって、当該廉価販売が公正競争阻害性を有するかどうか明らかにする必要があり、低価格であるかどうかも、公正競争阻害性との関連でのみ明らかにされるのである。

一般に不当廉売の認定基準として、(イ)対価が一定の基準を下廻っているかどうか、(ロ)その廉価販売が行われる目的、事情、周囲の状況などから競争秩序にいかなる影響を与えているか、が問題とされている[5]。そして、廉価販売が公正な競争秩序に阻害的な影響をもたらしうる場合とは、結局のところ、事業者の能率、商品または役務の品質と価格などを中心として行われるべき競争が、これら取引行為に固有なファクター以外のものについて競争が行われ、これに対抗しようとする競争事業者をして採算を度外視させる、まさに経済力の差のみで競争における優劣を決定することとなるような競争に転化することとなる場合をいうと解されている[6]。このような解釈を決して誤りとすることはできないが、具体的な事案の判断に適用するには余りにもばく然としており、より詳細な解釈論が要請されるであろう。そこで、節を改めて、原価という基準と目的という基準を軸に、不当性の認定基準について考察を加える。

第二節　不当性の基準（１）——原価基準

不当廉売の認定基準として、第一に、価格が一定の水準を下廻るかどうかを基準とすることが考えられる。この不当廉売となるための価格水準に関するメルクマールとして、(イ)製造・仕入原価を基準とする説(7)、(ロ)製造・仕入原価に適正な一般管理費、販売経費を加えた額を基準とする説(8)、(ハ)さらに適正利潤を加えたものを基準とする説(9)などがある。(ハ)の説は、資本制社会においては、事業者の企業性からして適正な利潤を確保することが当然の前提であると考えるのであろうが(10)、そのことから当然に、特定商品の一回毎の販売において適正利潤を獲得すべきである、と結論することはできない。事業は全体としての損益をみるものであるから、商品、期間、地域、顧客などを限定して廉売をしても、全体の販売を通算して赤字になるのでなければ構わないのであり、市場の状況に応じて特定商品を適正利潤以下で販売することは、事業者の企業性とは何ら矛盾しない。このように(ハ)の説について、これを支持すべき合理的な根拠を見い出すことができない。また実際問題としても、最低限必要な利潤を客観的に算定することは不可能に近いであろう。また、市場価格を中心として考える説がある(11)が、事業者の経営努力の如何によりコストが異なるから、当然価格が異なってくるはずであり、市中価格をもって判断基準とすることは妥当でない。何程かの利潤を織り込んでも、なお競争事業者の価格より著しく低い価格であるときは、極度に競争力の強い大規模企業の企業行動に対する問題としては理解されるが、このような価格による販売を不公正な取引方法として非難すべきかについては首肯し難いであろう(12)。このように考えると、残る(イ)の説あるいは(ロ)の説が、不当性を判断する基準として考察の対象となる。

理論的に考えるならば、(ロ)の説のように販売総原価（製造原価または仕入原価に営業経費を加えたものを指す）を不当廉売の基準とすることが正しいように思われる。当該価格で商品を販売すると差引損益が零になることが一応の目安となるのであり、この事業の収支相償性、つまり当該価格であるとひき続き事業の継続が可能になることに鑑みると、この結論がきわめて自然に導き出される。この点について、前述の中部読売新聞社事件において、東京高等裁判所は「いわゆる不当廉価とは単に市場価格を下回るというのではなく、その原価を下回る価格をいうと解すべき」旨を判示し、さらに原価を構成する費目の検討に際して、製作原価、販売費、一般管理費のほか、人件費、減価償却費を加え、これに営業外支出を加算した費用総計と営業収益との損益計算により、利益が零になるが赤字にはならない販売総原価を原価として認めている。[13] この決定によって明らかなように、東京高等裁判所は、(ロ)の説に従うものと思われる。

ところで、新聞販売の場合は単品であり費用の算定が容易であるが、実際には小売業のように多数の商品を取扱うことが多いのであり、この場合には、特定商品について間接費を含めて販売原価を合理的に算出することは至難の業に近い。また、営業費用の処理方法は、相当程度企業の自主的決定に委ねることが妥当なのであり、どの商品によってより多くの利潤をあげ、どの商品では余り利潤をあげないかは、当該企業の販売政策の問題といえる。したがって、帳簿上の一般管理費、販売費を平均的に各商品に加算して、これを不当廉売の基準とすることは、商売の実情にあわない。このように基準があいまいになるおそれを考慮して、法律の運用上最も確実を期すならば、メーカーの場合は製造原価、販売業者の場合は仕入原価を基準とすること、つまり(イ)の説に従うことが現実的には妥当ということになる。現に、昭和四〇年七月、公正取引委員会事務局長は、「不当廉売の販売基準について」と題する回答の中で、「従来公正取引委員会としましては、一般的には製造原価あるいは仕入原価を割って販売することであり、金融上の理由による換金売り等やむを得ない事情によって製造原価あるいは仕入原価を割って販売する場合は含まれないという見解をとっております」と述べており[14]、製造原価・仕入原価を割る販売は不当廉売であるとの基準により運用を行ってきたのである[15]。もっとも、この回答を公正取引委員会として不当廉売の解釈を示したものと理解するのは必ずしも適当ではなく、少なくとも仕入原価または製造原価を割る価格での販売は一般に違法であり、そのようなケースは違法行為として摘発するとの見解を示したものにすぎないと考えることもできよう[16]。(イ)の説のように仕入原価または製造原価を基準とするのは、違反行為を実際に取締るためには明確であり有用であろうが、この場合には当然含まれるべき販売費が無視されており、特に小売業ではその事業活動に要する費用はすべて仕入原価に加算される形で現れ、かつ他の産業に比較して仕入原価にプラスされる部分の比率は相当高くなるので、この基準は適当とはいえないであろう。結局、不当廉売の基準としては、事業継続の可能性の有無という観点から、(ロ)の説のように販売総原価とするのが妥当である。

なお、公正取引委員会は、昭和四八年八月二九日、再販制度の縮小整理を機に、小売業における不当廉売について特殊指定をすることを提案している(17)ので、その内容を検討する。この案によれば、商品の仕入原価に直接販売費を加えた金額に満たない価格で販売することを原則として不当廉売としており、ここで仕入原価とは廉売行為の行われた日以前三カ月の平均仕入原価を意味し、直接販売費については、仕入原価の六％とみている。このように仕入原価に直接販売費を加えた額を基準とし、しかも直接販売費を仕入原価の六％と推定することについて、公正取引委員会事務局による特殊指定案の説明は、以下のように根拠づけている(18)。まず、仕入原価に直接販売費を加えた額を基準とするのは、一般に、小売店は実質的仕入原価に販売に必要な平均的費用を加え、それにある程度の利益率を加味し、さらには、その商品についての同業者の価格を勘案して商品別の価格を決定するのが普通であり、直接販売費も償えないのは異例のことと考えられるからである。次に、直接販売費を六％とするのは、中小企業庁の調査資料によれば、通常小売業が事業経営をするのには仕入原価の二九％の経費を必要とし、販売に直接必要な経費だけでも一五％が必要であること、また公正取引委員会事務局の試算では、大規模なスーパーが事業経営をする経費として二二％、直接販売費だけでも一二％

を必要としていることから、指定案の六％は実際の平均より相当低いが、商品、商店、取引形態による差異を考えても六％を下廻るものはほとんど考えられないからである、と説明されている。コストを六％と推定することについては、アメリカの州法による規制が一つの参考になっていると思われる。アメリカでは仕入原価に一定のマークアップしたものを基準にコスト割れ販売を規制する州が多いのであり、しかもマークアップ率は六％が標準的であって、これは特殊指定案の基準と符合している。特殊指定案のように仕入原価に画一的に一定率を乗じるという方式は、経費の立証が困難であることを考慮してのことであるが、必ず六％でなければならない確固たる根拠があるわけではなく、また実際上これでは販売に必要な諸経費を償うことはできず、赤字販売を是認するものと等しく妥当でないであろう(19)。それ故に、コストの算定が容易になることを理由に、この六％という経費率を、未だ特殊指定がなされていない段階で、つまり一般指定五号の解釈において採用することができないことは言うまでもない。しかしながら、少なくとも仕入原価に直接販売費として六％を加えた金額にも満たない価格での販売は原則として不当廉売にあたるとして、公正取引委員会の摘発に際して一応の実用的な目安として用いることは差し支えないと思われる。

以上の考察で明らかなように、事業継続の可能性の有無という観点から、製造原価または仕入原価に適正な一般管理費、販売費を加えた価額を不当廉売の認定基準とすべきであり、この額（販売総原価）を下廻るものを原価割れ販売またはコスト割れ販売と呼ぶことにする。一般に、原価割れ販売は公正競争阻害性があるとされており、その理由として、事業者の企業性に反することと、企業能率の向上という観点からみて好ましくないことが挙げられている。まず、事業者の企業性について、「もともと事業者による商品の販売は、原価に一定の適正な利潤を付して行われるのが、資本制社会における事業者を前提とする以上当然であり、……原価以下の販売は、公正な競争秩序を形成する資本制社会における事業者の基本的性格を否定するものである[20]」と説明される。この趣旨を、原価割れ販売は利益追求を目的とする商業の常道に反するという、商業倫理を追求するものと受け取ってはならない。不公正な取引方法の禁止は、決して倫理的道徳的契機を問題とするのでないからである。事業者の企業性とは、以下のように理解される。事業者は継続的に事業を経営し、収支相償うことを最低の目標として、できるだけの利潤をあげて事業の発展をはかるものである。そうすると、商品を原価より低い価格で販売したのでは、事業の発展はおろか維持も不可能になるから、事業者は原価以上で販売しなければならないのであり、これが事業者の事業者性―企業性と呼ばれるものであろう。したがって事業者の企業性とは、正確には事業の収支相償性として理解できる。ところで、商品の価格は、一方において市場の需給関係で定まるから、事業者としてはできる限りの企業努力によってコストを押し下げることにより利益の幅を拡げ、あるいは低価格によって顧客を吸収しようとする。このような企業能率の向上によるコスト削減に基づいて、価格競争が推進されていく。この企業努力による競争が、市場の正常な機能を通じて、良質安価な商品の豊富な供給となってあらわれ、消費者の利益の増進、国民経済の発展へと連なるのである(21)。仮に原価割れ販売が許容されるならば、収支相償わずその事業の継続を困難にするだけでなく、国民経済にも悪影響を及ぼす。価格面において原価以下での販売競争が行われることによって、必然的に品質面における競争が減殺または喪失することになり、ひいては品質の低下という結果をもたらすのである(22)。商品が少なくとも原価以上の価格で販売されるという前提があってこそ、企業努力によるコスト削減に基づく価格面での公正な競争が期待されるのである。これに反して、原価割れ販売を許すことは、企業合理化の推進という望ましい競争秩序を破壊することであり、原則として公正な競争秩序を阻害するおそれがあるといえる。このように検討すると、事業の収支相償性および能率競争の促進という見地から、原価割れ販売であるかどうかを不当性を判断する基準とすることは、一応妥当であるといえよう。

しかしながら、原価割れ販売をすべて当然に不当廉売とみることはできない。事業者は事業全体につき損益をみるものであり、特定商品について廉売を実施しても、全部の商品の販売成績を通算して損失とならない限り、事業の存続が危うくなることはないから、特定の商品の販売毎に必ず収支相償が要求されるものでなく、また、事業は通常ゴーイング・コンサーンであって、収支の相償も長期的に確保されれば足り、短期的には収支が相償わなくても構わないので、原価割れ販売が常に事業の収支相償性に反するというわけでもない(23)。さらに、原価割れ販売が独占禁止法上望ましい競争促進的効果をもつ場合、あるいは少なくても競争の目的に合致する場合があることを見逃してはならない。第一に、新規参入に際して、ある最低限の顧客を獲得するために一時的に安売りをすることは、参入を容易にし競争を刺激するであろうから、むしろ競争促進的な作用をもつものとして是認されることもある(24)。第二に、売上高の増大によって単位当たり経費の削減が可能であるとき、需要が増大するまで一時的に原価割れ販売を行っても、最終的には規模の利益によって利潤の増大となるのであり、このような販売行為は、企業効率の向上を通じてコスト削減を図るという競争の目的に合致する。同様のことは、需要の価格弾力性が高く、市場の成長が見込まれる場合にもあてはまる(25)。第三に、需要の見込みを誤って過大な在庫をかかえている場合、この過剰な在庫を処分するために、緊急避難的な意味で原価割れ販売が行われることがある。廃業、倒産などにより換金売り、生鮮品の腐敗防止、季節品の死蔵防止のための廉売がその例である。この場合の廉価販売は極く一時的であり、消費者の利益になっても競争にはたいした影響を及ぼすとは考えられず、むしろ競争促進的とは言えないまでも、資源浪費の防止を実現する意味において、競争の目的に合致するといえないこともない(26)。このように競争のダイナミックな展開を考えると、原価割れ販売は、場合によっては市場の需給条件等の経済諸条件を考慮に入れた上での利潤極大化を図るための合理的な販売政策の一環であり、むしろ競争のノーマルな状態の反映であるとみることができるから(27)、原価割れ販売にあたるという行為の形式面だけをとらえるのではなく、当該販売が競争秩序にいかなる影響を及ぼすかを個別具体的に判断することが必要である。原価という基準は、重要な基準ではあるが、あくまでも不当性、つまり公正競争阻害性の判断に進むための前提要件にすぎないのである(28)。そこで次節において、事業者はいかなる目的をもって廉価販売を行うものであるかを、それが公正な競争秩序に与える効果とあわせて考察することにする。

第三節　不当性の基準（2）——目的基準

事業者が廉価販売をする動機の内で最も不当性が強いのは、競争事業者を市場から排除ないし駆逐する目的で行われる場合である。この典型は、大規模事業者や多角的経営事業者が資本力または市場における優勢な地位を背景にして行う原価割れ販売である。この原価割れ販売が競争手段として用いられると、当該販売による損失にもかかわらず企業の採算性を維持することができるのは、資本力を背景とする大規模事業者か、あるいは、他の市場（他の商品または他の地域）において利潤を獲得して損失を補填できる多角経営事業者に限定され、小規模事業者や特定商品しか扱わない事業者は、容易に原価割れ販売を行い得ないから、競争上不利になり、ついには市場から排除される結果となる[29]。

そして、原価割れ販売を行う事業者は、当該市場において支配的地位を占めるに至ると予測されるのであり、原価割れ販売の不当性は、独占的地位の獲得ないし確保する手段として利用される際に、最も鋭く現れる[30]。このような競争事業者を排除する目的で行われ、究極的には独占の形成へと進むおそれのある大規模事業者または多角経営事業者の原価割れ販売は、競争秩序を重大に侵害し、公正な競争を阻害するおそれがあるといえる[31]。原価割れ販売の有する競争破壊的機能を積極的に利用することにより、競争事業者を排除しようとするものであり、競争事業者にとって対抗不可能な価格であることを、企業規模、多角経営の如何などを考慮した上で認識しての低価格であるというところに、競争秩序に対する積極的な侵害が認められる[32]。中部読売新聞社事件でも、東京高等裁判所は、「巨大な資力を有する事業者が一定期間採算を度外視する圧倒的廉価で自己の商品を販売し、あるいは、ある事業者が一の業種による利益を投入して他の業種につき圧倒的廉価で商品を提供する等により、当該市場において競争上優位に立とうとする場合、当該事業者としては全体の収支の上では損失はないとしても、この対抗を受ける他の競争事業者の被る損害は甚大であり、公正な競争秩序が阻害されることは明らか」である旨を判示している[33]。

ここで、競争事業者を排除する目的の存在が必要であるという意味は、競争事業者に対する害意の存在を立証することまでを要求するものではない。アメリカでは、競争事業者に対する積極的な害意を証明することは容易ではないので、原価割れ販売の事実があり、かつ、その有害な効果が証明されれば、害意があるとの一応確実な証拠として、反証なき限り、害意の存在が認定される旨の規定を置いている州法もある(34)。我が国においても、企業規模、経営実態の如何などを考慮して、競争事業者にとって競争不可能な価格であることを認識して、原価割れ販売を決定したのであれば、当該事業者に競争事業者を排除する意思があったと推定する見解もある(35)。しかし、廉価販売の不当性は、結局、公正競争阻害性の存在という客観的な判断に委ねられるから、諸事情を総合して、原価割れ販売が競争事業者を排除するためのものであったこと、つまり排除目的の存在を客観的に認定すれば充分であり、事業者の主観的な意思領域にまで立ち入って害意の存在を立証する必要はないであろう。もっとも排除目的の存在の認定は、慎重になされるべきであり、大規模事業者や多角経営事業者の原価割れ販売を、直ちに競争事業者を排除するためのものと断ずることはできない。このような略奪的価格切り下げは、当該市場におけるすべての競争事業者が、短期間しか価格切り下げ競争に耐えることができず、かつ参入障壁がきわめて高く、競争事業者の排除後、独占価格につり上げても参入の可能性がないと予想される場合や、他の市場で既に市場支配力を持っている場合でなければ不可能であろうと推測される。したがって、原価割れ販売が持続的かつ大規模（あるいは組織的）に行われているかどうか、あるいはいずれかの市場で市場支配力を獲得している事業者によって行われているかどうかなど、諸事情を総合して、競争事業者を排除する目的の存在が明らかな場合に限り、不当廉売にあたると判断することになる[36]。

ところで現実に原価割れ販売が行われるのは、我が国の特殊の経済構造下において、中小企業間の値崩れ競争、いわゆる過当競争の結果によることも多いのであり、この場合にも不公正な取引方法として規制されるかどうかについて、学説は、不当廉売になるとする見解[37]と不当廉売にならないとする見解[38]に分かれている。不当廉売になるとする見解は、不当性に強弱の差異があり、行為者に差異があることは認められても、原価割れ販売が企業性を否定するものであり、企業の合理化、行為者に費用の削減による低価格での競争でないことは変わらず、同じく公正な競争を阻害する性格を有する、と主張している。しかし、過当競争によるときも、その不当性の根拠を廉価販売が行われる事情や目的の内に見い出すことができる。競争事業者の廉売行為を中止させるために、善意かつ必要な限度で対応する場合は、相手方に損害を与えるものでなく、公正な競争を阻害するとは思われないから、違法でないとしなければならない。他方で、この必要限度を越え受動的ないし防禦的な性質を失った場合、すなわち緊急避難的性格を失って攻撃的なものになった場合は、違法になると考える。事業者が、過当競争にある状況を利用して一挙に独占的地位を獲得するために、廉価販売を行うことも考えられるからである(40)。したがって、過当競争による場合においても、競争事業者を排除する目的でなされたものであるかどうかの判断が決め手になる。この点に関して、過当競争による原価割れ販売はすべて競争事業者を排除する目的を有していると考える見解(41)もあるが、妥当でないと思われる。値下げ競争が企業の合理化、費用の削減に基づくものでないという主張は理解できるが、過当競争に由来する原価割れ販売をすべて不当廉売として禁止することは、他面で、価格の下方硬直化を招くことに注意すべきである。この見解は、中小企業を保護する目的から、中小企業間における過当競争を不当廉売として禁止することにより、これら事業者間に協同組合に認められる価格協定が結ばれているのと同様の効果を引き出すことを狙いとしているようである(42)が、このような処理は競争政策上望ましくない。過当競争の結果としての原価割れ販売は、最適規模以下の事業者が多数存在するという市場構造的要因に基づくのであり、それに対する方策は、経営諸資源を他の事業分野へ移動させることである。そのためには原則として競争に委ねるのが妥当であり、原価割れ販売そのものを禁止することにより現状維持を図ることは、根本的な解決を遅らせる点で望ましくない(43)。このように競争政策的見地から考えると、この見解に従うことができず、前述した通り、過当競争による原価割れ販売も、競争事業者を排除する目的を持つ場合に限り、不当廉売として規制することが妥当である。

もっとも、事業者の市場における地位から競争事業者に与える影響が無視できるものは不当性がないと考えられるので、過当競争においても、市場において相対的に優勢な地位にある事業者による原価割れ販売であって、やがては独占の形成へ発展するおそれのある場合に限って、不当性を認めることになろう。

廉価販売には、これまで述べた原価割れと異なって、原価販売あるいは原価を上廻る額が極めて少額である場合も考えられるが、この場合において、学説によっては、それが競争事業者を排除する目的で行われる限り、公正な競争が阻害されるから不当廉売になりうると主張するものがある(44)。当該価格が競争者排除のために有効な価格であることが、行為の目的と関連して、不当性を明確にすると考えるからである(45)。その価格とは、競争事業者にとって「対抗不可能な金額」であるかどうかによって決定されるのであり、より具体的には、各事業者にとって、その程度の採算では企業が成り立たないような価格であって、実質的には原価販売に等しい場合であり、かつ、競争事業者が対抗不可能な価格つまり適正利潤を伴う販売が不可能となるような価格のことであるとされている(46)。この点について考えてみると、第一に、企業が成り立たないような価格とは、正常な方法による事業の継続を不可能ならしめる価格であるとすれば、これは普通の理解では、収支が相償う価格つまり原価を指すとみるべきである。もしこれが事業者に対して原価に適正な利潤を含めて価格を設定することを強制するものであるならば、場合によっては、そのような価格での販売を不可能にし（そのような高価格での買手がないために）、資源を無駄にするばかりか競争場裡からの撤退を余儀なくされる(47)。また、効率の悪い事業者が効率の高い事業者に対抗するためには、適正利潤まで含めることはできないので、原価販売あるいはそれに近い価格で販売することは通常みられるところであり、仮にこのような価格設定が許されないとすれば、効率の悪い事業者の競争を不可能にするであろう(48)。第二に、効率の高い事業者が、低コストのため競争事業者より低い価格をもって競争手段とすることは、それが原価以上の価格での販売である限り、企業努力によりコストの削減を図るという競争本来の目的にかなうと考えられる。したがって、その価格に対応できない効率の悪い事業者が競争に敗れて市場から退場するとしても、それは当然の事態であって、競争原理とは本来このように厳しいもののはずである。これが逆に、競争事業者にとって対抗不可能な価格であってはならないとして、価格水準が効率の悪い企業を基準に決定されることになると、この企業も保護されて市場から脱落しない結果として、価格の下方硬直化をもたらすことであろうし、また効率の高い企業は、限界企業の存続を名目にして超過利潤をほしいままにすることが可能となり、このような事態は競争政策上好ましいものではない。このような競争上弱い立場にある効率の悪い企業を特に保護する理由を、独占禁止法において見い出すことは困難であると思われる。しかし、このような廉価販売を放置すればやがて独占の形成を招くおそれがあるから、中小零細企業であっても独占形成の防波堤として一定程度保護する必要があり、その方策として、効率の高い大規模企業の廉価販売をつとめて禁止すべきであるとの反論も予想される。これは極度に競争力の強い大規模企業の企業行動に対する問題意識としては理解されるが、それ自体は高度な産業政策に属する判断なのであり、不当廉売を規制する趣旨をそのように広く理解することはできない。以上のように検討した結果、原価を上廻っている限り、たとえ競争事業者が対抗できない価格であったとしても、その廉価販売は不当販売になることはないと考えるので(49)、原価以上の価格での販売であっても事情により不当廉売になりうるとする見解に従うことはできない。

不当廉売の認定基準について要約すると、事業者の廉価販売が不当廉売となるためには、(イ)販売価格が販売総原価を下廻っていること（原価割れ販売）、(ロ)競争事業者を市場から排除する目的で行われること（排除目的の存在）、(ハ)のこれを放置しておけばやがて独占の形成へと発展するおそれのあること（独占形成のおそれ）、この三要件を満たすことが必要である。分説すると、第一に、原価割れ販売であることを要するが、その意味は、原価割れ販売が事業の収支相償性から考えて財務上健全な事業活動であるといえず、また企業努力に基づく効率競争の促進という政策目標に反するがために、正当な販売手段として容認することができず、原則として公正競争阻害性を有すると考えるからである。

しかし、原価割れ販売であっても、競争促進的な効果をもつ場合や少なくとも競争政策の目的に合致する場合には、公正競争阻害性がないと考えられる。それ故に、原価割れ販売であることをもって、直ちに公正競争阻害性があると断定するのではなく、当該販売行為が競争秩序に及ぼす影響をさらに個別具体的に判断することが要請される。そこで第二に、事業者が廉価販売を行う目的を明らかにすることが重要であり、不当廉売と判断するためには、競争事業者を排除する目的が存在していることを要する。排除目的の存在は、事業者の主観的な意思領域にまで立ち入って害意を証明する必要はなく、客観的に認定されれば足りる。競争事業者を排除する目的の存在しないもの、一般的にいって、受動的ないし防禦的な性質を有するものは除外される。第三に、このように原価割れ販売が排除目的をもってなされ、これが独占の形成に至る危険性を有するがために、公正な競争を阻害するおそれがあると考えられる。したがって、市場において相対的に優勢な地位にある事業者の原価割れ販売に限って、不当廉売の成立を認めることになり、事業者の市場における地位から競争事業者に与える影響が無視できる場合には、独占形成のおそれがないから、不当廉売にはならないと考えられる。

第四節　むすび

このように廉価販売の不当性は、究極的にみて独占の形成に至るおそれのある場合に限って認められる。この立場においては、不当廉売を独占を形成する手段ないし独占を維持する手段として把握しており、それが効果を及ぼすことを未然に防止する趣旨から、不公正な取引方法として規制しようとするものである。したがって、不当廉売として規制の対象となる販売行為は、大規模事業者や多角経営事業者等の市場において相対的に優勢な地位にある事業者による持続的かつ組織的に行われる原価割れ販売に、おのずから限定されることとなる。不当廉売に該当する疑いのある販売行為として、スーパー等の大規模な販売店が行うおとり廉売があげられる。このように大規模な事業者の廉売行為に限るのは、低価格販売が一面で競争促進的な効果を有することを勘案してのことであり、小規模な事業者による一時的ないし散発的な原価割れ販売は、競争秩序にたいして影響を及ぼすものでなく、かえって消費者の利益ともなるので、これを不当廉売として規制するまでもない。また、国民経済の健全な発展を促す見地から、中小企業間における過当競争に由来する値崩れも不当廉売として禁止すべきことが主張されているが、その結果として現状が維持されるだけであり、市場構造の転換という根本的な解決が図られないから、このような提案は競争政策上望ましくない。したがって、不当廉売規制の趣旨を濫りに拡大して、中小企業間における値崩れにまで適用を及ぼすことは妥当でないと思われる。

【注記】

(1) 東京高裁昭和五〇年四月三〇日決定・高民集二八巻二号一七四頁。

(2) 公取委昭和五二年一一月二四日同意審決・公正取引三二六号三八頁。

(3) 審決批評―小原・ジュリスト六六六号、東京高裁決定批評―宮坂・ジュリスト六一五号、落合・経済法一八号、呉・ジュリスト六五八号、村上・ジュリスト六六二号、同 公正取引三三五号、金子・法律のひろば二九巻三号、加藤・NBL一二六号、一二九号、一三一号、福岡・独禁法審判判例百選（第二版）七六事件、同・ジュリスト五九六号、松岡・判例評論二〇五号。

(4) 今村『独占禁止法』（新版）九八頁、正田・コンメンタール『独占禁止法』二四三頁。なお、最高裁判所は、再販売価格維持行為の「正当な理由」の存否に関して、二条九項四号の「不当に」とは、公正な競争秩序を維持するという法の趣旨に照らして判断すべきであるとしているが、この点は二号の解釈においても参考となる（最高裁昭和五〇年七月一〇日判決・民集二九巻六号八八八頁（和光堂事件）、最高裁昭和五〇年七月一一日判決・民集二九巻六号九五一頁（明治商事事件））。

(5) 後藤「公正取引」経済法学全集一二『独占・公正取引』三四〇頁。

(6) 正田・前掲二四六頁。
(7) 末木「不正競争と流通産業」流通産業関係法概説八八頁。
(8) 正田・コンメンタール『独占禁止法』二四五頁。
(9) 今村『独占禁止法』(新版) 一一三頁。
(10) 正田・前掲二四七頁。
(11) 笹井「独禁法における不公正な取引方法としての低価格販売」甲南法学一一巻一号七三頁。
(12) 末木・前掲八八頁。
(13) 高民集二八巻二号一七四頁以下。
(14) 「不当廉売の判断基準について」(昭和四〇年七月二九日公取一二五号)。
(15) 末木・前掲八九頁。
(16) 土原「不当廉売規制の目的と内容」企業法研究一二三輯二頁。
(17) 公正取引二七五号一四頁。
(18) 公正取引委員会事務局「『小売業における特定の不公正な取引方法』に関する指定案の説明」(昭和四八年一〇月) 七―八頁。
(19) 笹井「小売業者の不当廉売」企業法研究一二三輯一一頁。
(20) 正田・前掲二四五―二四六頁。
(21) 満田『独占禁止法の基礎』一七四頁。
(22) 木元「ダンピングの規制」実務法律時報二号六七頁。

(23) 満田・前掲一七五頁、根岸「廉売の不当性」公正取引二七七号一九頁。
(24) 満田・前掲一七五頁、根岸・前掲二一〇頁。
(25) 根岸・前掲二一〇頁、笹井・前掲七六頁。
(26) 根岸・前掲二一〇頁。
(27) 根岸・前掲二一〇－二一一頁。
(28) 根岸・前掲二一一頁。
(29) 正田・コンメンタール『独占禁止法』二四六頁。
(30) 木元「ダンピングの規制」実務法律時報二号六七頁。
(31) 今村『独占禁止法』（新版）一二二頁、正田・前掲二四六頁、木元・前掲六八頁。
(32) 正田・前掲二四六頁。
(33) 高民集二八巻二号一七四頁以下。
(34) 江上「不当廉売の認定基準と規制方法について」駒沢大学法学論集九号二二四頁、二二八頁参照。
(35) 正田・前掲二四六頁。
(36) 根岸・前掲二一〇頁。
(37) 正田・前掲二四六頁、笹井「独禁法における不公正な取引方法としての低価格販売」甲南法学二一巻一号六八頁。
(38) 今村・前掲一二二頁。
(39) 正田・前掲二四七頁。

(40) 木元・前掲六八頁。
(41) 笹井・前掲六八頁。
(42) 笹井・前掲六九－七〇頁参照。
(43) 根岸・前掲二一〇頁。
(44) 正田・前掲二四六頁、木元・前掲六八頁、笹井・前掲七三頁。
(45) 正田・前掲二四六頁。
(46) 正田・前掲二四七頁、笹井・前掲七三頁、笹井『独占禁止法を学ぶ』一九七頁。
(47) 根岸・前掲一九頁。
(48) 根岸・前掲一九－二〇頁。
(49) 根岸・前掲二〇頁、江上・前掲二三五頁も、原価割れ販売の場合に限り不当廉売になりうるとする趣旨であろう。

補論　国のお年玉付年賀葉書等の発行・販売と不当廉売

大阪地裁平成四年八月三一日第二〇民事部判決
（平成元年(ワ)第三九八七号損害賠償請求事件）
（判例集未登載）

〈事実の概要〉

Xら九名（原告）は、私製葉書の製造、販売を業とする株式会社であるが、Y（被告、国）が年賀葉書「さくらめーる」・「かもめーる」の販売に際して、くじ付きで図画等のないものと、くじ付きで簡易な図画等が記載されたものについては四一円で、また、くじ付きで優れた絵柄の図画つきのものについては四三円（寄付金三円を除く）を売価として販売しているため、自己の売上が減少したとして、Yに損害賠償と年賀葉書等の販売の差止を求めて訴えを提起した。

Xらの主張によると、Yの売価は、いずれも、官製の通常葉書を原価以下で販売するものであり、独禁法二条九項二号・一般指定六項にいう「不当廉売」に該当し、独禁法の規定を遵守する注意義務を怠った過失があるから、民法七〇九条に基づき、Xらが被った損害を賠償する責任をYが負うこと、ならびに、Yの違法行為が継続するときは、Xらはその営業の大部分を失い、事業を廃止せざるを得ない事態となるので、民法七〇九条ないし営業権に基づいて差止を請求することができるという（Xらは、「私的独占」および「自己の取引上の地位の不当利用」についても主張するが、この点は判決でも簡単に斥けられており、ここでは取り扱わない）。

これに対して、Yは、官製葉書の発行、販売の事業は郵便法三三条一項に基づいて行われる国の独占事業であり、独占禁止法の適用がないこと、および、官製葉書は料金額（料額印面額）で発行するのが郵便法上の原則であり、図画等の印刷によって白地のものより相当高額にならなければ右の原則に従うべきであるし、くじ付きのものについてはその経費を上乗せすることを許した規定がないことを理由に、本件の年賀葉書等の発行、販売には違法、不当な点はない、と反論した。

〈判　旨〉

判決はXらの請求を棄却した。

㈠「特定の事業分野について法制度的に独占が定められている場合には、独占禁止法が目的としている自由市場における公正且つ自由な競争の促進という独占禁止政策を排除したものと解されるから、独占禁止法の適用はないと解すべきである。

しかしながら、法制度により独占が定められている事業であっても、その事業の経済活動のすべてについて独占禁止法の適用がない訳ではなく、その独占事業に固有の行為以外の行為については独占禁止法が適用されるものと解すべきである。」

ところで、郵便法は、郵便事業を国の独占事業とし（二条・五条一項）、それに伴って信書の送達（五条二項）および切手類の発行販売（三三条一項）を国の独占事業としている。したがって、郵便料金を表す料額印面の付いた官製葉書は、国のみが発行、販売できる。他方で、郵便法は、葉書の私製を明示的に許容している（二二条三項但し書）。そうすると、葉書の市場は、信書の送達役務の提供と一体となった官製葉書の市場と信書を送達するために切手の貼付を要する私製葉書の市場とから成る。

「官製葉書を発行、販売することはY（国）の独占事業に固有の行為であり、その限りでは独占禁止法の適用はないが、官製葉書にくじ引き番号を付け、また、図画等を記載する行為は独占事業に固有の行為ではなく、そうした独占事業に固有の行為でない行為を付加して、官製葉書の価値を高めて発行、販売することは、私製葉書の市場との競争をもたらすものであるから、本件年賀葉書等の発行、販売が国の独占事業であるとして、本件年賀葉書等の発行、販売について独占禁止法の適用がないということはできない。」

「Y（国）は郵便事業の活動の主体として独占禁止法二条一項にいう『事業者』であり、また、……需要者から見れば、本件年賀葉書等と私製の年賀葉書等とは、独占禁止法二条四項一号にいう『同種又は類似の商品』といって妨げなく、両者は独占禁止法上の競争関係にあるというべきである」。

(二) くじについては、お年玉付郵便葉書等に関する法律が規制を行っており、図画については、郵便法が規制している。これらの法令による規制は、「郵便事業の採算性とともにその公共性並びに一般利用者の利益を図るためのものであると考えられる」。

また、本件葉書について、寄付金付き年賀葉書については相当の費用を要したため、諸経費約二円を上乗せした四三円で販売し、「さくらめーる」や「かもめーる」については、費用がそれほど増加しないので、四一円で販売している。また、年賀郵便は年々増加し、その配達は配達先毎にまとめて配達されるので、その集配コストは極めて低くなる。

「Y（国）が発行、販売した本件年賀葉書等のくじ引き付き・図画入り及びくじ引き付き・図画なしの各郵便葉書は、いずれも前記法令に従って発行、販売されたものであり、一般利用者の利益にも合致し、また、その発行、販売及び集配の全経費からすると、原価を割った不採算商品とは到底認め難いから、本件年賀葉書等を前記売価で販売することが不当廉売に当たるということはできない」。

〈解　説〉

一　まず本件における争点は、国について（より具体的には郵政省が営む郵便事業について）、独禁法の適用の前提となる「事業者性」（独禁法二条一項）が認められるか否かである。本判決は、官製葉書の発行・販売は郵便法三三条一項に基づき行われるものであり、郵便事業は国の独占事業とされている（郵便法二条・五条）ので、本件年賀葉書等も官製葉書だからその発行・販売につき独占禁止法の適用はないとする国の主張を斥け、官製葉書の発行・販売は独占事業である国の郵便事業に固有な行為であって独禁法の適用はないが、官製葉書にくじ引き番号を付け、また、図画等を記載して付加価値を高めて発行・販売することは、私製葉書の市場との競争をもたらし独占禁止法が適用されると判示して、国の事業者性を肯定した。本判決は国の事業者性を本格的に論じた最初の判決である。

従来、通説は、「事業」とは、なんらかの経済的利益の供給に対して、それに対応する経済的利益の反対給付を受ける行為を、反復継続して行うことをいい、営利の目的をもって行うか否かについては、これを問わないと解し（正田彬・全訂独占禁止法Ⅰ一二六〜一二七頁）、国、地方公共団体、公法人も事業活動の主体たる関係においては事業者になりうるとされてきた（今村成和・独占禁止法〔新版〕三六〜三七頁、松下満雄・経済法概説四一頁、正田・前掲一二九頁）。

また、国、地方公共団体、公共企業体などの行う事業活動について、法制度的に独占が定められている場合には、独禁法の適用の対象とならないが、それぞれの法制度化されている独占事業に固有な行為以外については、事業者性が認められ独禁法が適用されることになる（正田・前掲一二九頁、田中誠二ほか・コンメンタール独占禁止法六四頁）。

したがって、本判決が、特定の事業分野について法制度的に独占が定められている場合には、独占禁止法の適用はないが、その独占事業に固有の行為以外の行為については独占禁止法が適用される、と判示しているのは、通説の見解を採用したものと思われる。郵便法は、郵便事業を国の独占とし（五条一項）、何人も他人の信書の送達を業としてはならないと定めており（五条二項）、これに違反する者には、三年以下の懲役又は一〇〇万円以下の罰金に処すると定めている（七六条一項）。他方で、郵便法二二条三項但書で私製葉書の作成を許容しているのであり、これらの条文を総合すると、郵便事業に固有の行為とは、信書の送達およびそれに付随する業務と言えなくもないであろう。なお、郵便事業は財政法一三条一項の特別会計とされていることも、国の事業者性を認める補強理由となるであろう。

二　従来の判例では、地方公共団体（東京都）の営む屠畜場事業について「事業者性」が認められている。すなわち、最判平成元・一二・一四民集四三巻一二号二〇七八頁は、独禁法二条一項にいう事業は、「なんらかの経済的利益の供給に対応し反対給付を反覆継続して受ける経済活動を指し、その主体の法的性格は問うところではないから、地方公共団体も、同法の適用除外規定がない以上、かかる経済活動の主体たる関係において事業者に当たると解すべきである」と判示して、地方公共団体（東京都）が屠場料を徴収して屠畜場事業を経営する場合には、屠畜場法による料金認可制度の下においても不当廉売規制を受けるものというべきである、と結論づけた。

都営屠場の事業者性については、第一審、控訴審、最高裁とも、通説の解釈に依拠してこれを肯定したのであるが、一連の訴訟の評釈において、これに疑問を呈する学説もあった。来生新教授は、効率的資源配分以外の社会的価値の実現を目的とする公企業に、利潤極大化行動が求められる市場の論理を強制することに疑問があり、より根本的に、このような場合の公企業を事業者としない解釈が体系的整合性を有する、という見解を主張されている（同「東京都食肉処理場不当廉売事件」法教七〇号一〇九頁）。また、屋宮憲夫助教授は、屠畜場事業のように料金設定に対する厳格な法的規制が存在し、民主的な監視機構が成立している公益事業について、独禁法上の不当廉売規制を適用することは、規制の本来的意義・目的からみて適当とは言い難い、とする見解を述べている（同「公営企業の料金設定と不当廉売」ジュリ八六一号九〇頁）。

しかし、解釈論としては、東京都が「事業者」の立場にあることについて、通説の立場では、特に論ずるまでもない、と指摘されている（今村成和「最近における独占禁止法関係民事判決の中から」公正取引四二六号一九頁）。適用除外の措置が採られていないこと、および、料金認可制の下でも料金決定の自主性と裁量の機能する余地のあることなどから、公営事業の公益性を直ちに事業者性の否定に結びつけることは難しいであろう（宮坂富之助「事業者の範囲―公共事業体の事業者性」独禁法審決・判例百選〈第四版〉一五頁）。

以上の検討から明らかに、国の郵便事業について、独禁法二条一項の「事業者性」を認めた本件判決は、従来の通説および判例に従ったものであり、妥当であると評価される。

三　不当廉売を規制する一般指定六項は、前段と後段からなっている。前段は、①正当な理由がないのに、②商品又は役務をその供給に要する費用を著しく下回る対価で継続して供給し、③他の事業者の事業活動を困難にさせるおそれがあること、の三点を要求しており、後段は、①不当に、②商品又は役務を低い対価で供給し、③他の事業者の事業活動を困難にさせるおそれがあること、を規制の対象とする。

不当廉売に該当するための価格要件とは、原価割れ販売を意味し、原価とは、製造原価または仕入原価に適切な一般管理費と販売諸経費を加えた総販売原価だとされている（金子晃ほか・新・不公正な取引方法一八六頁〔根岸哲執筆〕、独禁研報告書第二部四(1)イ、「不当廉売に関する独占禁止法上の考え方3」昭和五九・一一・二〇公取委事務局）。

本件の廉売の対象となる商品（又は役務）について、評釈者に意見の相違がみられる。泉水文雄助教授は、葉書という商品について、一部が法定価格（官製葉書）、残りが自由価格（私製葉書）である場合に、原価割れ販売というためには、お年玉付郵便葉書等の原価を算定する際に、法定価格である郵便料金、葉書用紙の製造コスト、図画等の記載コスト（デザイン料等の印刷コスト）、くじのコスト（印刷費用、管理費用、賞金代）をすべて合算し、お年玉付年賀葉書の販売価格四一円が、この「全費用」を下回っているかを問題とせざるをえないとする（同「お年玉付年賀葉書等の不当廉売事件」公正取引五〇六号四八頁）。これに対して、白石忠志助教授は、官製葉書と私製葉書とを同列に並べる発想には疑問があり、官製葉書の場合は信書送達の代金（郵便料金）が込みになっているのに対して、私製葉書をあて先に届けるためには別に切手（信書送達サービスの引換券）が必要となるから、X（私製葉書業者）とY（国）との間で競争関係にあるのは、官製葉書から信書送達を除いた部分である「葉書用紙」が商品であって、国がそれをゼロ円ないし二円（寄付金付のもの）で売っていることが焦点となる、と主張している（同「官製葉書と独禁法上の不当廉売」ジュリ一〇二〇号四三頁）。

本件判決は、お年玉付年賀葉書等と私製の年賀葉書等は、独禁法二条四項一号にいう「同種又は類似の商品」として競争関係にあるとし、また「その印刷費用も白地の官製葉書に比べてそれほど増加することがないため、料額印面と同額の四一円で販売している」とか、年賀葉書の「配達は配達先毎にまとめて配達されるので、その集配コストは極めて低くなる」こと等を判示して、郵便料金（信書送達サービスの代金）を含めて費用を計算している。そして、「その発行、販売及び集配の全経費からすると、原価を割った不採算商品とは到底認め難い」と結論づけている。

結局、本件判決は原価の具体的計算をしていないが、郵便料金等を含めた「全費用」を計算の基礎として原価割れしていないと判断したものであり、年賀葉書の郵便料金が高すぎ、葉書用紙の製造コストやくじのコストを郵便料金で十分に吸収できると考えたためであろう、と推測されている（泉水・前掲四八頁）。

最後に、本件ではお年玉付年賀葉書等について、原価割れ販売でないと判断されたので、不当廉売のもう一つの構成要件である「公正競争阻害性」について何ら判断されることはなかった。もっとも、葉書用紙自体が商品であったとされる場合には、原価割れ販売となりえたかもしれない。しかし、原価割れ販売が公正競争阻害性を有する典型である略奪的価格設定またはおとり廉売と認定されるには、本件は難しい事案であったのではなかろうか（泉水・前掲四九頁、金子晃ほか・前掲一八八頁参照）。

〈参考文献〉

大野正道「不当廉売の規制」富山大学経済論集二五巻二号一四四頁
杉本幸生「一般指定六項による不当廉売規制」佐賀大学経済論集一九巻一号六五頁
金井貴嗣「都営と畜場不当廉売事件最高裁判決」公正取引四七三号三六頁
杉本幸生「都営芝浦と畜場の料金設定と不当廉売」平成元年度重要判例解説（ジュリスト九五七号）二三六頁
藤田稔「廉売の程度」独禁法審決・判例百選〈第四版〉一五六頁
向田直範「都立芝浦屠場事件控訴審判決」経済法学会年報第八号一五〇頁
遠藤美光「公営と畜場の低額料金と不当廉売」昭和六一年度重要判例解説二三四頁
谷原修身「公営企業の独禁法上の責任」公正取引四一一号二五頁
舟田正之「都立屠畜場の不当廉売」昭和五九年度重要判例解説二四八頁

実方謙二・判例評論三二四号三二頁（判例時報一一七三号一九四頁）

第5章　競争原理と中小企業法制

第一節　競争原理と社会性原理

近時において、独占禁止法（以下では独禁法という）の前提としている競争原理に違背するが如く思われる法律が中小企業を保護するために作られたのに対して、経済法学の見地からして、独禁法との関連で多くの見解が示されてきた。特に議論の対象とされたのは、大規模小売店舗法(1)（以下では大店法と略称する）と分野調整法(2)（以下では分調法と略称する）である。大店法や分調法の規定する中小小売業や中小企業の事業活動の機会を適正に確保するための「調整」が、他方で独禁法の規定する「自由競争原理」に抵触するおそれのある新規参入規制と解される余地が多分にあるためである。しかし、私見では、大店法や分調法は決して独禁法の精神である自由競争原理に違背するものでなく、かえって競争原理を補完する別の原理を包含することによって、独禁法を補完する法律であると考えており、この点を本稿において立証しようと思う。独禁法の前提とする自由競争原理は達成されることが望ましいが、その反面では社会と絶えず激しく衝突を繰り返すおそれがある。社会にとって何よりも耐え難いのは従来まで安定していた社会的統合が破壊に瀕する事態が発生することである。ここに、社会の安定を防御するためには、競争原理とは一見対立するものの如く思われる社会性原理（あるいは人間性原理[3]）に支えられてこそ、競争原理の作用も万全となりうるとする思想が生じるのである。第二次大戦後の西ドイツの経済政策であるいわゆる社会的市場経済の形成に大きく寄与したヴィルヘルム・レプケ（Wilhelm Röpke）の見解がそれである[4]。競争原理は社会の発展をもたらすのであるが、反面で社会が安定していてこそその真価を発揮しうる。したがって自由競争の過度の展開が社会的統合を破壊するおそれがある場合には、社会性原理が作動するのであり、小売商業調整や事業分野調整の場合がその一つの例である。小売商業調整や事業分野調整は自由競争原理を決して排斥するものではなくて、その有効性を増すためにこそかえって実施されるのである。競争政策はその意味では中小企業政策の裏打ちを必要とする。ここで言うところの中小企業政策とは、産業構造政策としての中小企業政策ではなくて、企業規模構造政策[5]としての中小企業政策である。また企業規模構造政策としての中小企業政策は、中産階層政策の一環としても展開される。社会的統合を維持するためには、中間階層の維持育成こそが最も肝要であり、中産階層政策としての企業規模構造政策が我が国でこれまで充分に論じられてこなかったことが、競争政策と小売商業調整ないし事業分野調整に関する論議を貧弱にしてきたのであり、また、その結論が不鮮明なままとなっている主要な原因のように思われる。ここでは、企業規模構造政策という視点を導入することで、この問題に関する疑問点を出来る限り明瞭にするつもりである。

第二節　旧大店法と分野調整法

旧大店法および分調法は、中小小売業ないし中小企業の事業活動を適正に確保するために、大規模小売店舗における小売業の事業活動ないし大企業者の事業活動を調整することを、それぞれ目的条項である第一条で定めている。この大店法および分調法の定める調整原理と独禁法の定める競争原理との関係については以下で紹介するように様々な見解が示されている。一般に、独禁法の目的は、自由競争経済秩序の維持を図ることにあると考えられている(6)ため、大店法と分調法が独禁法の精神とは異質な要素を含んでいるのではないかという疑念が生じうるのである。この点については、大店法か分調法かを問わず提起されるのであり、以下の叙述においては、大店法に関する議論であるか分調法に関する議論であるかを特に明示しないこともあるので注意されたい。

独禁法と大店法および分調法との関係について、第一の見解は、産業組織論に基づく正統的なアプローチからは緊急避難的な措置と考えざるをえないとする松下満雄東京大学名誉教授の見解(7)である。松下教授は、調整は競争原理の立場からすれば原理的にはアンチテーゼであると断じられる。経済秩序の根本は競争原理にあるが、競争原理ないし市場原理を完全な形で貫徹させる場合には、社会的摩擦が生ずることがある。純粋な能率競争の結果として中小企業が打撃を受けることは止むを得ぬことであるが大量の失業や倒産が生ずるのは好ましくない。そこで、中小企業に対しては、体質改善措置を講ずるか、または他業種に転換するための各種の援助措置を実施すべきであるが、それらが効果を発揮するまでの間の緊急避難措置として大店法や分調法を活用することを主張される。但し、緊急避難法であるから、勧告または命令は暫定措置であるべきであり、この命令または勧告の有効期限を定めるべきとされ、その期間においても、できれば漸減方式をとるべきであるとされる。松下教授としては、中小企業が大企業ではできない製品（一定の高級品、手工業を多く必要とし、自動化が行いにくい製品）分野に進出するような政策を講ずべきとされる。しかしながら、以上のような施策を行っても、なお大企業との競争に勝つことができず、また、転換もできぬ中小企業に対しては、産業政策としてではなく、社会政策ないし福祉政策的な救済策を講ずべきであろうと主張されている。この見解については、大店法や分調法の規定では恒久法であって緊急避難法でないという難点があるのであって、まさに緊急避難的な措置というより以上の措置が問題となっている点が指摘できるであろう。この点については次節で詳しく検討するところである。もっとも、松下教授の見解が、従来の公正取引委員会の態度や判例の傾向を睨みながら「調整」を限定的に認容するものであって、現状ではきわめて巧みな解釈であることは否定できないであろう。

大規模小売店店舗法の法律上の評価を検討するためには、独禁法の経済学における検討に利用されている産業組織論に基づく評価を無視することができないであろう。ベインは、『産業組織論』（邦訳）五二二頁以下で、原子的産業の構造変動下の小売業の苦悩について、以下のように分析している。

販売業の構造的発展のアメリカにおける実例では、小規模で非統合的な独立の卸売業者や小売業者の大多数が、大規模な統合的企業との競争に直面して、その既得の地位を奪われ、その結果として、利潤が減少ないし消滅し、多くの場合には、企業それ自体が消滅した。もっとも、極めて小規模の企業は、数こそ減少したが、市場における専門的機能を果たすことによって生存することができたが、それらの多くは自己の組織を変え、急速に環境に適応しない限り、破滅か相対的貧困の道をたどった。その結果、独立小売企業の死滅率の加速化が生じ、多数の零細企業が、より効率的な大企業との競争にさらされて、せいぜい飢餓所得を得るにすぎないように競争状態が改変された。

このような構造的再編成によって増加した経済的効率の代価として、社会的または経済的「公平」が損われるという問題が出現した。すなわち、多数の独立小企業者に対して加えられた所得または「富」の「不公平な」損失という負担である。これらの損失は、望ましい変化の必要かつ不可避的な経費として受忍されるべきであろうか、それとも、ある種の公的干渉が、これらの損失を予防したり、補償するために、採用されるべきであろうか。もし後者の立場をとるとするならば、いかなる種類の干渉が経済的効率の絶えざる増大という一般的目標と両立することができたであろうか。

販売業における構造的発展に対する政府の干渉は、援助を求める直接的な利害関係者によって始唱され、企図された。政府の公的干渉を求める主要な根拠は、チェーン・ストアが阻止されないかぎり、販売業における「独占」のおそれがあること、および、チェーン・ストアによるある種の不公正な競争手段は公共の利益という点から制限されるべきことであった。しかし、ベインによると、これらの論拠はうわべだけであって、本当の根拠は、無数の小企業がその所得の大部分または総てを失いつつあったのは、本質的には、より効率的な新しい型の企業組織からの競争に直面していたことによる、と述べている。伝統的な小売店とより効率的な大規模店との競争というシチュエーションが、かつてアメリカにおいても存在していたわけである。そして、かかる分野における制限的立法の成立は、経済的効率の増進といったより一般的な社会的目標のすべてよりも、小売業者の所得状態の保護という目標の方を上位に置いてきたのである。すなわち、小売業における競争を除去することによって、競争者とその所得を保障することにあることは明白であった。

この点のベインの見解は、以下のようである。より大なる効率をもたらすような構造変革がみられるとき、それが引き起こす所得分配の不平等性に対する改善策として、競争を一般的に抑圧することは、賢明にして正当なものではない。もし、公的干渉が一時的な所得の矛盾を除くために採用されるべきものとするならば、効率を増加させるような経済変化の秩序ある進歩を妨げないように、公的干渉を企図することに十分な注意が払われるべきである。とりわけ、望ましい技術的変化と資源の再配分とを遅らせる形をとるべきではなく、むしろそれを促進する形をとるべきである。

競争維持政策は、個々の競争者ないし集団を、損失の危険や市場からの消滅という危険にさらすと同時に、異常な利潤を取得する機会にもさらすものである。そのように解すると、原子的産業分野における競争制限は、競争政策と基本的に矛盾するものである。小規模企業が重きをなしている産業でみられるこれら企業の所得の不足は、それが現実のものであれ、たんに主張されているだけのものであれ、これをいやしくも補償するからには、当該産業内における競争の全般的制限とは異なる別の手段によってなされるべきである。効率および低価格について、公共の利益を維持するためには、別の方策が行使される必要がある、とベインは締め括る。産業組織論の立場を採用するかぎり、大規模小売店舗法（大店法）は競争政策の観点から許容されないというのがその結論である。

第二の見解は、大店法も分調法も公正な競争秩序の維持に役立つと考える正田彬教授の見解(8)である。

正田教授は、中小企業は公正な競争秩序の維持をとおして実質的平等権を確保するという見地から、大企業の中小企業分野への進出は、競争市場から市場支配力の支配下における市場へと変容するおそれがあると考える。資本力を背景とした進出は、資本力の濫用によって競争秩序を侵害するおそれがあり、大店法および分調法は、公正な競争秩序を脅かすような行為または状態の形成を規制するところの競争秩序維持のための進出規制、禁止として性格づけられるのであって、独禁法の附属立法として位置づけられると主張されている。但し、注意すべき点は、競争秩序維持を通しての中小企業の権利擁護であって、中小企業の保護、その存在の擁護それ自体に直接向けられているものでないことである。大企業の進出の不当性の根拠は、中小企業に強制される不利益が競争秩序を脅かすことにある。また、技術革新による大量生産の可能性は、中小企業がなんらの対抗措置を講ずる余裕なしに大企業が進出すれば、中小企業が競争する方法をもたず、大企業が市場支配力を確保し、あるいは寡占体制が形成されるという結果に至ることは明白であるので、中小企業がかかる技術革新による大企業の進出に対応する余裕を認めることが必要であると主張される。結論として、大店法および分調法は独禁法の附属立法として位置づけられるのであり、将来の市場支配力の形成に連なる可能性がある場合、優越的経済力を利用した参入の場合、あるいは急激な進出による市場支配力の形成を阻止するために、一定時期に限ってその進出を停止させ、中小企業の側に、転換なり大企業の進出に対応する余裕を与えることを命ずる場合に、事業活動の調整という規制方法が許容されるのである。正田教授の見解は、中小企業の実質的平等権の確保という独自の発想を前提としており、独禁法についての正統的な考え方に立脚していないので、ひとまず批評を差し控えたいと思う。

第三の見解として、水野武教授および佐藤芳雄教授は、独禁法の強化・運用によって解決を図るべきであって、大店法や分調法は不要である旨を主張する。水野教授の見解(9)は、大企業が資本力、経済力の優越性を利用して不公正かつ不当に中小企業分野に進出し、現実に中小企業の利益が害されるという事態が発生する以上、それは独禁法によって規制されるべきとするものである。中小企業の整理、倒産などがもたらす社会的影響を考慮に入れると、その産業において、独占ないし寡占体制が確立される弊害を重くみるものであるが、この独禁法の運用は、現行法の解釈でも可能であると主張される。

なお、大企業の進出を阻止することは、自由競争原理に反するという意見は、日本の産業構造の現実の中では矛盾する要素があるのであり、従来、過当競争とまでいわれた激しい競争が存在していたところに、大企業の進出により容易に独占ないし寡占化する可能性が大きく、むしろ自由競争原理は破壊される結果になると断じられている。しかし、中小企業の事業分野を法律などで固定化せず、大企業の不当かつ不公正な中小企業分野への進出を独禁法の運用によって規制すれば足りると主張される。私見では、独禁法についてのかような解釈は運用の実状に対する過大な評価に基づいており、現実の運用のあり方を正確に反映していないように思われる。次に、佐藤教授の見解(10)では、大企業の大規模生産体制をもってする中小企業分野への参入は、効率を高めるものであり資源の適正な配分の実現につながるとしながらも、大企業が参入に際してとりがちな強引な市場占拠活動は、独禁法によって規制できるし規制しなければならないこと、また、大企業の進出によって独占的状態が生ずることを事前に規制することは現行法の独禁法のままでは困難であるが放置することができないことが主張されている。したがって、独禁法の強化、改正、運用強化のもとで、この大企業の進出およびそれに伴う諸弊害の除去という課題に対応することが可能であり、競争維持政策の見地からは、大店法および分調法の制定はそのものとして認めることはできないと結論されている。私見では、このような独禁法の強化運用論も結局やはり過大な期待に終わるように思われる。

第四の見解として、大店法を生業権に基づいて是認する安達十郎弁護士の見解(11)がある。安達氏は、「生業」の意味を次のように把握する。各種の小売業者は、地域の小売市場において、普通には、その小売営業のために精一杯の資本を投下し、一定の期間継続して自己と家族とで（ときには少数の従業員を雇用して）勤勉に働き、市場内の他の業者と節度をもって競業しつつ、地域の住民（消費者）に日常生活の必需品を供給（販売）し、これにより自己と家族とのぜいたくでない程度の生活を維持するに足る収益をあげ、同時に、この営業を通じて、住民（消費者）の日常生活に奉仕してきたばかりでなく、市場を切り拓いてきたといえる。小売業者がその営業を自己の職業として継続して遂行するのは、生計の手段としてだけでなく、社会的分業の一を占めて社会的連帯の実現に参加していることにも意義を見い出し、かつ、その活動を基礎として、自己の人としての資質を開発、陶冶していこうという自覚に根ざしているとみられる。したがって、スーパー等の大規模店の出店によって地域の小売業者の多くを倒産させ、あるいは大幅な減収に追い込むということは、この人達から生計の手段もろともに、多年にわたって遂行してきた社会的連帯の実現と自己開発、自己陶冶の場を奪うものである。小売業者達が生業権として主張するのは、かかる横暴は法律上も許されないということにほかならないと説明されている。生業業の主張には実際に考えさせられる点が多いのであるが、私見では、生業業という権利概念が果たして成立するものであるかについて疑念を感ぜざるをえない。

第五の見解として、大店法について地域主義（地域構造政策を指向する）、分調法について企業規模構造政策を根拠とする清成忠男教授および杉岡碩夫氏の見解がある。清成教授の見解(12)では、大店法による調整問題の本質は、新たな地域社会の構築に向けたところの市場経済の次元での流通問題を超えた地域住民のトータルは生活にかかわる問題であり、従来の産業組織論的アプローチでは不充分であると認識される。小売業は地域産業(その都市に住む人々をマーケットとして成立している産業)であり、消費者は具体的地域住民として存在している。また、消費という活動は、トータルな人間生活のごく一部の側面にすぎないのであり、地域住民のトータルな生活という立場から小売業のパフォーマンスを問わなければならない。大規模店進出のコストとベネフィットを考える際において、小売段階での一時的な価格効果ではなく、長期的視点に立ったトータル・ウェルフェアのコストを考慮する必要がある。市場経済の進展は、無秩序な都市化をおし進め、総じて生活環境を悪化させるのであり、地域社会を解体させ、大きな都市空間を砂漠化させるとともに、個人を市場においてのみかかわりあう原子的な存在に変えてしまう。そもそも、経済は人間の社会的生活にとってはサブシステムにしかすぎないが、自動調整的市場メカニズムのもとで無秩序な自己発展を続けていくから、社会は市場をその本来所属する場所に閉じ込めなければならない。このことは土地の利用についても妥当する。土地利用も市場メカニズムのもとで歪曲されざるをえないのであり、商業施設の集積は、地価の上昇、混雑現象を来たし、公共投資の不足と相伴って、生活環境の悪化、住民負担の増加を招く。

この因果関係の展開に歯止めをかけなければならないが、大店法は客観的にこの事態に歯止めをかける。結論的に、清成教授は、地域計画策定までの経過的な措置として大店法を活用することを提案する。また、杉岡氏も同様に、流通政策における地域主義の採用を提唱され、街づくりの観点から大店法をみなおすことを強調する(13)。なお、清成教授は分調法に関連して、大店法と同様に産業組織論のレベルを超えた次元で議論を進める必要があるとの観点から、構造的に中小企業のウェートを高めていくという大企業に対して中小企業を優位に立たせる論理として、企業規模構造政策に着目し、そのための政策手段の一つとして分調法の活用を図るべく提唱している(14)。清成教授は、産業社会の再組織化の視点から中小企業を重視し、大企業の規模の経済性にかなり疑問を呈示される。まず、社会的コストの内部化を図るならば、規模の経済性はかなり割引してみなければならないし、同様に、大企業体制は地域社会の解体といった量的に計測不可能な社会的コストを負担しなければならない。また、仮に規模の経済性が存在するとしても、それによって得られる利益が小さいならば、中小企業の競争から得られる実質的な利益を確保するために規模の経済性を放棄することが妥当であろうとされる。そして、中小企業に委ねることによって、耐えがたいほどに効率が阻害される場合には大企業に委ね、その社会的管理を行えばよいと主張されている。結局、大企業体制の限界が明らかな以上、健全な中小企業の維持が必要であり、これ以上大企業分野の形成を進めることは阻止すべきだという見解が成立するのである。分野調整を支持する立場は、この見解からすれば、保守的と言うよりはラディカルということになるのであって、消費者のための一時的な価格効果のために、大局を見失ってはならない。その際に、西ドイツにいわゆる構造政策（strukturpolitik）[15]が重視されるのであって、地域構造政策、産業構造政策、企業規模政策、所得・財産構造政策の四つの領域において、資源等の配分を市場機構にまかせないで一定の方向に傾斜させることが目論まれる。ここでいう企業規模構造政策が産業組織政策を意味するものでないことは当然のことであり、我国においても、構造政策を整合的に検討する時期が到来したのである。このように中小企業に傾斜した企業規模構造政策が我が国でも展開されうるのであり、そのための政策手段の一つとして分調法の活用が考えられると主張されているのである。私も清成教授の見解に賛成であるが、企業規模構造政策の適用を分調法に限らず、大店法にも適用を拡張するのが、私見の骨子である。

第六の見解として、これまでの見解がどちらかというと大店法や分調法の「調整」に好意的なものであったのに反して、この「調整」に真向うから反対する飯田経夫教授と西山千明教授の見解がある。飯田教授は、分調法について、零細中小企業者の「静かな生活」に対する希求に答えるものとして法律を位置づけられ、その人間的な心情は察するに余りあるが、それは著しく後ろ向きであり、消費者を犠牲にしてのエゴの主張にすぎず、劣情にすぎない側面が多分にあると主張される[16]。飯田教授によると、日本の中小企業の転換能力はかなり大きいが、それでも転換能力を欠く中小企業は明らかに存在しており、これらの企業が仕事を奪われることは、「生きがい」そのものにかかわるという点で「福祉」の最も基本的な構成要素であるとする。福祉が時代精神をなす現代では「旧きよき時代」の価格メカニズムによる自然淘汰ですべて割り切ることができないから、実行可能な方策は、否定的な立論においてであるが、転換能力の有無を問わず、すべての人々に従来どおりの仕事を続けさせることであり、分野調整問題とは、まさに最も典型的な「福祉」問題に他ならないと冷笑的に主張されている。私としては、中小企業者の「静かな生活」に対する心からの希求を劣情にすぎないと断じられる飯田教授の心性を疑わざるをえない。さらに、西山教授に至っては、分調法は、反自由主義経済的であり、「国家社会主義」への道であると主張されている(17)。私は、日頃著作物を通じて飯田教授と西山教授の見識には深く感服させられているのであるが、両教授の分調法に対する態度には承服し難い。特に、西山教授に対しては、中小企業者の要求を建設的に生かすことがかえってファシズムへの道を封ずることになる点が全く理解されていないようで失望を感じる。新自由主義を唱え、自らの立場を「第三の道」と呼んでいるヴィルヘルム・レプケこそがまさに中産階層の「静かな生活」への欲求を自由を擁護する観点から最も重要視した思想家であったことが全く考慮されていないのである。次節では、レプケの中産階層政策等について、企業規模構造政策との関連で検討する。

第三節　新自由主義と中産階層政策

まず経済体制論としての新自由主義について、ヴィルヘルム・レプケの見解[18]を概観する。レプケは市場経済の性格について、市場経済機構は完全に自動的な機構とは考えられないと論じる。彼の表現によると、自由市場経済は「自生植物」（Naturpflanze）ではなくて「栽培植物」（Kulturpflanze）である。その成長と成熟には手あつい配慮を要し、苗床をととのえ、施肥や除草や刈込みを必要とする。旧い自由主義的・資本主義的思考や行動の根本の誤りは、市場経済を、それが独りで存立し自動的に展開する過程のように考えたことにある。自給、国家経済や計画、献身および商売気ぬきの人間味という諸領域が同時に存在するのでなければ、市場経済はそれだけでは腐敗しその腐敗毒素をもって社会の他の全領域を必ず害するものであると断じている[19]。続いて、資本主義体制とは、市場経済が一九世紀および二〇世紀においてあらわれた歴史的な全体的配合と評価する[20]。その特徴は、独占化の自由を放任して無制約の自由競争の持つ社会的側面を閑却した非社会的な市場経済である。その結果として、集中化が進み、他方において進展する都市化とともに、資本主義は、生活基盤を奪われて不安定に浮動する群衆を作りあげ、安定をもっぱら社会や国家にもとめる大衆の心理傾向を生み出した。群衆化（Vermassung）とプロレタリア化（Proletarisierung）の進行である。群衆化とは共同社会は自由と秩序の同時の実現のためには、必然的にピラミッド型を持ち、階層秩序（Hierarchie）的でなければならないのに反して、社会のピラミッドが崩され、平らに地ならしされることであり、それとともに、個人が一つ一つのアトムになり下がり、個人がただの固まりに一緒くたにされることである[21]。レプケの見解[22]によると、社会はエリテ（Elite）として認められた少数者によって指導されるという意味で階層秩序であるが、この指導層は、組織された集団がほしいままにふるまおうとするあらゆる傾向に対抗して、連続性と伝統、適法性を代表し、破壊することのできない共同体の原則を確信をもって高く掲げ、幾世代もの間蓄積された経験と共同意識の実を生かす。そして、家族や職業の強固な伝統の基礎に根ざす、誇らしげな独立意識をもって、国家の恣意的な傾向に対抗する。この独立意識を持ち得るためには、また根幹となる所有の拠り所もなければならない。この指導層は「基幹家族」から作られるのであって社会の均衡のために大きな意味を持つ。この基幹家族の中核において、職業と家族の所有とが代々受け継がれていくのであるが、こういう家族があってこそ、社会構造は永続きのする強固なものになる。そういう家族の所有は、決して大したものである必要はないし、健全な社会においては、この層は主に、農民、手工業者、あるいは自由職業の人々から成るであろう。この反対の極として、社会のピラミッドが崩され、個人が一つ一つのアトムになり下がり、群衆化が発生することとなる。次に、プロレタリア化とは、物質的な意味でも、非物質的な意味でも、どこにも生活の根がなくなり、いざという場合の準備がなくなること、しっかりした足場を失ってさまよい歩く遊牧民になること、そして最後には、誰が主体になるともわからない名のないものによる機械的な集団的生活保障や保護の対象となることである[23]。ここに西欧社会の最も重大な欠陥があった。そして最も差し迫った課題のひとつは、このプロレタリアを人間にふさわしくない生存形態から救い出して、そのほかの国民に同化させ、それによってかれらを気高い本来の意味において「ブルジョア化する」ことだということは誰にも判り切った真理なのであった。農民階級や手工業が消え去って、大経営、巨大経営がひろがり、所有が少数のものの手に集中された結果、大部分の住民が財産を失い、独立を失った都市の賃金労働者になり下り、工業面＝商業面の巨大経営の階層秩序のなかに組み入れられてしまった国々、そういう国々こそ、高度にプロレタリア化された国と考えられねばならない。我々が忘れてならないのは、その物質的生活水準がどんなに低いものであろうとも、いずれにしても独立の存在であったものが破壊されるということ、そのこと自体が如何なる場合にも、プロレタリア化を助長するということである。レプケはまさにここにおいて農民や手工業者の特徴をなしていたものこそがこのプロレタリアには欠けていると指摘する[24]。それは、存在自体が独立であり、自主的であるということ、住宅、財産、環境、家族、そして職業にしっかりと根をおろしているということ、労働が個人の人格にふさわしい性格を持つということ、それから伝統ということである。プロレタリアに欠けているのは、根本において、人間にふさわしい、我々に満足をあたえる存在の形態だということである。したがって、プロレタリア化というのは、まさに人間が危険な状態に陥るということを意味している。そこでは財産が失われ、家族や隣人の紐帯をもふくめて、あらゆる種類のいざという場合の準備がなくなる。経済的には従属的な地位に立つようになり、生活の根が抜き去られる。ひとびとは、かれらの自然の拠り所、すなわち財産所有とか、新しい共同体の結びつきとか、自然とか、家族とかという拠り所から切り離された浮草のような存在を負って生きなければならない。このような群衆化、プロレタリア化の進展の結果として、中間層が没落すると、国家の手によって命令され、指揮され、ますます国家の財源に依存する大衆扶助の組織に行きつく。集団性のかげに人間の個性はしなびていき、ついに人間は国家の奴隷になり下がってしまうのである。プロレタリア化が進めば進む程、生活の根拠を失った者は、ますます強く国家と社会の手によって扶助と経済的な安全とを保証させようとするので、社会保障と官僚の力の増大に導く。必然的に租税の負担が重くなるが、これは何よりもまず中間層の肩の上にかかってくる。中央集権化の傾向は強くなり、中産階級は破壊され、プロレタリア化される。

このような事態をさして、レプケは、大都市、巨大経営、根無し草の生活、所有の喪失、人間性の疎外、生命力の剥落、自然からの隔絶という妖怪のような状況にあると認識して、その解決策として、非群衆化と非プロレタリア化の遂行を挙げる[25]。あらゆる巨大な規模、あらゆる巨大な関係は、人間にふさわしい尺度にあわせて縮められねばならない。新しいプロレタリア的でない産業形態、すなわち農民の生活、手工業者の生活に適合した産業形態が作り出されねばならない。経営や企業にしても、ごく自然であるように、比較的に小規模の単位を助長するとともに、多くの点で理想的な限界である農民や手工業者の場合に型どって、社会学的に健全な生活形態、職業形態を助成しなければならない。あらゆる種類の独占を打破し、如何なるところにあっても、如何なる方法によっても、経営の集中・企業の集中に対して闘わねばならない。大都会とか、密集した工業地帯とかいうものをなくして、社会学的に正しい国土計画を行い、住居をも生産をも分散させるようにしなければならない[26]。

レプケはある工業のさかんなスイスの地方の小都市を著書『キヴィタス・フマーナ』の中で次のように美しく描いている。「この村はベルン地方の高度からいえば中位のところにある人口三、〇〇〇の小さな村であるが、ここには農家のほかに、次のようにいろいろな小工業、手工業や職業がある。まず一〇〇人の労働者を擁して、まったく農村の環境にとけこんでいる機械工場があって、農業用の特殊機械ではその名声がひろく行きわたっている。それから、亜麻布の織物工場と漂白工場、近代的な印刷工場がひとつ、醸造工場がひとつ、椅子工場がひとつ、果実液をつくるところがひとつ、麻糸および雑貨工場がひとつ、チーズをつくるところがひとつ、製粉所がひとつ、家具工場がひとつ、チーズの輸出商会がひとつ、木材商と木工場がいくつかあり、またコーヒー代用品の工場がひとつ、鍛冶場がひとつ、そのほかに沢山の手工業者がおり、たとえば、家具職、煙突掃除人、桶職、籠製造工、鞍工、左官工と石膏工、ブリキ職、理髪師、電気技師、仕立屋、靴屋、屋根職人、パン屋と肉屋、陶工、時計工、庭園工などという手工業者は、一見してわかるように、裕福である。この小さな村の文化水準については、高度の趣味をも満足させる立派な書店、楽器店、それから高等学校があることを見ただけでもわかる。さらにそれにつけ加えて、すべてが清潔にかがやき、審美眼にうったえるほどであり、ひとびとはひとりのこらずうらやましいほどの家に住んでいる。いずれの庭園を見てもすべて、愛情をもって手ぎわよく手を入れられており、ふるい伝統はよく守られている。しかもふるい城のもとにあつまったこの村全体が、もっともやさしくうつくしい景色のなかにとけこんでいるのだ。人間があつまり住むかたちとして、これ以上よろこばしいかたちのものは考えられないだろう。これこそわれわれの理想──しかも最高度に具体的な現実にうつされた理想なのである(27)」。

レプケはこの理想を達成するために、具体的には、経済改革、社会改革プログラムを提案している(28)。このプログラムは一つの哲学の表明ともいうべきであって、最も重要な点は、広汎な層の財産をふたたび確立するということである。それによって、プロレタリア化の本質的な特徴、すなわち、財産が失われているという状態を取り除こうというものである。その中で注目すべきことは、構造政策（Strukturpolitik）と社会政策（Gesellschaftspolitik）を含めていることである。構造政策とは、所得および財産の分配、経営規模の大きさ、または都市と農村、工業と農業、あるいは個々の階級層への人口の配分などという市場経済の社会的な前提条件を、もはや与えられたものとしては受けとらないで特定の意図に従って変えていこうとするものである。レプケは、国民経済における非プロレタリア化と分散化というスローガンにまとめることができる一連の政策を要求するものであり、それは、調整、分散化、経済ヒューマニズムをめざす。選択肢として、あらゆる節度を保ったもの、それ自身で安定しているもの、全体を見通すことができ、人間らしい能力に応じたものを選ぶのであって、中間階層に賛成であるし、ふたたび広汎なサークルの財産の所有を作り上げる。したがって、企業規模については、あらゆる経済部門において中小経営を採用するのである。さらに社会政策も必要である。市場経済は、社会生活における狭い一つの領域にすぎないのであって、人類学的＝社会学的なしっかりとした支柱がなければならない。市場経済がすべてであるのではないのであって、この支柱が崩れ去るならば、市場経済もまた最早成り立ち得ない。換言すると、市場経済の中核における個人原則に対して、枠組として社会性＝人間性原則が均衡を保たねばならない。つまり、この二つの原則は、互いに一方が他方の条件をなしているのである。市場経済は、我々の全社会制度、文化制度とは切り離すことのできない経済体制であって、この全社会＝文化制度は、市場経済によって維持されるとともに、それがなくなれば、市場経済自らも倒れざるを得ない。市場経済そのものを維持しようとするならば、それは反対の側から支えとなる社会政策をもって始めて出来ることなのである。市場経済と商業化されない社会とは、お互いに補い合い、支え合うのであり、両者は密接な補完関係に立っている。市場原則と社会性＝人間性原則が共に成り立つことができてこそ始めて、同時に、群衆化とプロレタリア化の致命的な危険をさけることができるのである。

以上概観したところから明らかなように、レプケは新自由主義の見地から中産階層政策を重視し、企業規模としては中小企業を優先するという立場を鮮明にしている。従来、我が国で構造政策というと産業構造政策のみが取り扱われてきた。それ故に、中小企業政策としては、いわゆる近代化政策に重点が置かれてきた。しかし、構造政策には、その他にも、地域構造政策や企業規模構造政策があり、西ドイツにおいてはその重要性が認められている。清成教授が地域構造政策の視点から大店法の趣旨を理解されていることはその立論から明白であろうし、また、分調法については企業規模構造政策の観点から位置づけられていたことは前述した。私見は、企業規模構造政策の視点から、分調法だけでなく大店法をも解釈しようとするものであるが、この視点はまさにレプケの主張の核心であって、レプケの説明に付け加えることは最早何もないであろう。企業規模構造政策は中産階層政策の一環として中小企業の育成を指向するが、これは決していわゆる競争政策と矛盾するものでなく相互補完的である。レプケの見解によれば、市場経済の基本原則である自由競争原則は、社会性＝人間性原則に支えられてこそその作用が万全となる。市場経済を、それ自身まとまって安定しており、自動的に動いて行く過程と捉えることは、旧い自由主義的な、「資本主義」的な考え方のまさに根本的な間違いである。市場経済というものは、社会生活の全領域にとっては単に経済生活という狭い領域の内部での特定の秩序のあり方にすぎない。もっとも、市場経済という経済秩序整序方式は欠くことのできないものであり、経済生活では重要な地位を占める。したがって、自由競争原理は歪められてはならないところの達成されることが望ましい目標である。しかしながら、市場経済がそれだけ切り離されて自律的な存在と考えることは危険であるし、そればかりでなく、維持されることもできない。その場合には、市場経済は人間をまったく不自然な状態に押し込めてしまうであろうし、遅かれ早かれ、人間はこの状態に叛旗をひるがえして、そのような状態から脱出を試みようとし、それとともに彼らの憎悪の対象となった市場経済を捨て去ろうとするからである[20]。これが西山教授の指摘する国家社会主義へ至る道であった。この道を封ずる「第三の道」として、自由競争原理に人類学的＝社会学的な枠がはめられなければならない。これがレプケの主張する調整、分散化、経済ヒューマニズムの実現ということの意味である。自由競争原理が社会性＝人間性原理に支えられてこそその有効性が認められるという思想は、第二次大戦後の西ドイツに社会的市場経済という経済体制の選択をもたらした。このように「調整」とは、レプケが主張するが如く、自由競争の弊害を除去しその有効性を増すためにこそ行われるのであって、小売商業等における「調整」も、中小企業者と大企業者間における経済力の格差という点に着目した企業規模構造政策の適用であると思われる。したがって、大店法や分調法の規定する調整の原理が、たとえ市場経済の基本原則である自由競争原理に優先するものであったとしても、中産階層政策の観点からは是認できると評価することが妥当であろう。結局、大店法や分調法の規定する調整ということの趣旨自体は決して独禁法の理念に抵触するものでないのである。

第四節　調整原理と競争原理

ここで大店法や分調法の定める調整原理と独禁法の定める競争原理との関係について実定法上の取扱いを瞥見することも必要であろう。独禁法は第一条でその目的を、①公正かつ自由な競争を促進し、②もって一般消費者の利益を確保するとともに、③国民経済の民主的で健全な発達を促進することとしている。これに対して、大店法は第一条でその目的を、㋑消費者の利益の保護に配慮しつつ、

ⓡ大規模小売店舗における小売業の事業活動を調整することにより、その周辺の中小小売業の事業活動を適正に確保し、ⓗもって国民経済の健全な進展に資することとしている。また、分調法は第一条でその目的を、ⓐ一般消費者等の利益の保護に配慮しつつ、ⓑその事業活動を調整することにより、中小企業の事業活動の機会を適正に確保し、ⓒもって国民経済の健全な発展に寄与することとしている。ここで②とⓘおよびⓐ、③とⓗおよびⓒはほぼ同じ意味であるから、問題は①とⓡおよびⓑが齟齬をきたしているかである。まず、①の競争原則とⓡおよびⓑの調整原則が抵触しているのでないかという疑念が生じうる一つの理由は、独禁法と大店法および分調法の法体系上の地位に関する誤解から生じているように思われる。独禁法は俗に「経済憲法」と呼ばれることが多いが、その法体系上の地位は単なる法律に過ぎないのであって、この点は大店法や分調法と異ならず特に上位の立場にあるわけでない。しかしながら、独禁法は何かしら経済秩序の根本を定める特別の法であるが如き感情が一般に持たれていることは事実である。このような錯覚は、特に公正取引委員会の審決や裁判所の判例の中にも窺われるようである。通説的見解(30)では、独禁法は自由競争経済秩序の維持を目的とするから、①の「公正かつ自由な競争」を促進することで、直ちに②と③を満たすと考えられている。他方で③が目的であって、その実現にあたって①と②が考慮されると考える異論もある。国民経済全体の利益をもって「公共の利益」と考えて、自由競争秩序を維持することが即ち「公共の利益」に該

当するという考え方は狭きに失すると考えるからである(31)。私は、この点については、後者の見解が正当であると考える。競争秩序の確立は経済秩序全体にとっては一つの分肢に過ぎないからである。レプケは、経済改革、社会改革プログラムで、真の競争秩序の確立のための反独占政策を掲げるとともに、積極的経済政策、構造政策、社会政策を挙げている(32)。競争秩序維持政策は唯我独尊的に主張されてはならないのであって、構造政策や社会政策も考慮に入れなければならない。それ故に、競争原則と調整原則は前節で検討したように対等の立場にある相互補完的なものであって、大店法および分調法の適用法域においては専ら大店法および分調法のみが適用される。

次に調整原理は国民経済全体の利益を考慮した一定の政策態度の現れであって中小小売業者や中小企業者のいわゆる「権利」でないことは勿論である。その意味では、特定の経済秩序を指向する公共政策（public policy）なのである。第二節で検討したように調整を「生業権」という権利概念に基礎づける見解があったが、このような権利概念の一人歩きはきわめて危険であると思われる。たとえば、大店法は調整を商調協（商業活動調整協議会）のルートに乗せることを予定しているが、調整原理の理念が今まで不鮮明であったことと相伴って、大店法の予定するルート以外で紛争が激発しているることは遺憾なことである。大規模店の出店に不服のある者が生業権の侵害であるとして民法上の不法行為を理由に、出店の阻止を求めるという事態は法の全く予想しなかったところである。このような事態は、人格権に基づく差止請求という一連の環境権紛争と同質の権利概念の濫用のおそれがある。大店法は商調協の審議を経由した通産大臣または知事の勧告、命令という行政行為に対する審査請求または抗告訴訟として利害関係者が争いうるものとしているように思われる。調整手続はあくまでも商調協を舞台とするのが原則であり、かつ調整の原理は競争原理に優越する社会性＝人間性原理の適用である。この正常なルートを経由しないで生業権という権利概念を根拠に裁判所に紛争の解決を求めることは、司法制度の根幹を揺るがす。既に労働関係事案については、本来は地労委の決定に対して不服がある場合に裁判所の判断をあおぐのが筋であると思われるのに、直接に裁判所に駆け込み、しかも保全処分を目的としているが如き事態を見聞するならば、大店法の運用にあたってかくの如き事態が生じないように肝に銘ずべきである。現状でも大店法の趣旨を誤解したり、制度を濫用したりする嫌いがあるので、この点は固く戒めるべきであろう。

第五節　経済システムのあり方と批判精神

私は、第三節において社会性原理（＝人間性原理）が競争原理に優越することがある場合を想定して小売商業および中小企業事業分野における調整の原理を根拠づけた。また、これらの調整制度は、決して西山教授の主張するが如く国家社会主義ではないし、かえってファシズムへの道を塞ぐものであることを強調した。私には、清成教授と杉岡教授の見解を除く独禁法と大店法および分調法の関係をめぐる諸見解の背後には、いわゆる「資本主義」という歴史的な経済システムのあり方に対する根底的な批判精神が欠如しているように思われる。カール・ポランニー（Karl Polanyi）は、レプケと若干異なった角度から、社会制度の一部としての経済制度を考察している。彼は、我々の時代以前には市場は経済生活にとって単なる付属物に過ぎなく、経済システムは社会システムのうちに埋没していたと指摘する。そして一九世紀における自動調整的市場経済への移行は、社会構造における根底的な転換を表現するものであった。労働（人間そのもの）や土地（自然環境そのもの）が市場メカニズムに包摂されるということは、社会の実体そのものが市場の諸法則に従属させられることを意味する。しかし、市場メカニズムに、人間の運命とその自然環境の唯一の支配者となることを許せば、そして文化的諸制度という保護の被いが取り去られれば、社会はいずれ破壊されてしまうことになる(33)。それ故に、社会は、自動調整的市場システムに内在する様々な危険に対してみずからを防衛したのであった。社会において二つの組織原理との間で戦いが生じた。経済的自由主義の原理は、自動調整的市場の確立をめざし、主に自由放任を手段として利用した。これに対して、社会防衛の原理は、生産組織だけでなく人間と自然の保護をもめざし、市場の有害な働きから最も直接的な影響を被る人々の様々な支持に依拠し、保護立法、圧力団体、その他の干渉用具を手段として利用した(34)。この点で、大店法や分調法の制定運動や立法経緯が想起されよう。ポランニーは、人間の経済は原則として社会関係の中に埋没しているのであるが、こうした社会から、逆に経済システムの中に社会が埋没するという資本主義と呼ばれるものへの移行はまったく新奇な事態であり、経済システムを再び社会に埋め戻すことを提唱している。私もポランニーの見解に賛成であり、市場メカニズムを野放しにすることによって社会が崩壊する危険性を制御するために、社会を防衛するための諸装置が発生し進歩してきたのであって、そのうちの一つが経済法を含む社会法であったと確信する。大店法や分調法は何物にも換え難い社会的統合の達成を図ることを目的として制定されたものであることは明白である。

最後に、規模の経済性に関連して、適正技術論を主張するシューマッハー（E. F. Schumacher）の見解に言及する。彼は、これまでの規模の経済性はかなり疑わしいとする。大規模生産は生態系を破壊し、資源を稀少化せしめるがこれらは殆どコストとして内部化されていないからである(35)。また、レプケも企業規模の拡大は必然的ではなく、大規模化に有利な政策や大規模化に有利な技術開発が行われたからこそ進展したに過ぎないこと、さらに、大規模化に伴う社会的コストの増大や社会的不安の拡大を考慮すると真の規模の経済が存在するか疑わしいと主張している(36)。シューマッハーは、新しい技術選択の基準として、小規模、簡素、安価な資本（資本節約的な方式）、非暴力（生態系の尊重）の四つを挙げて、より人間的であり、より自然に合致し、地下採掘燃料への依存度もより少なく、人間の真の必要により近い中間技術（適正技術）の採用を提唱している[37]。大店法や分調法の存在は技術革新（近代化）を阻むという主張は、多くの場合には大規模店や大企業者側に好都合なものとしてなされているのであるが、このような主張に対しては適正技術論の充分な発展によって解答を与えることが可能であろう。

【注記】

（１）正確には、「大規模小売店舗における小売業の事業活動の調整に関する法律」である（平成一〇年六月法律九一号より大店立地法になった）。

（２）正確には、「中小企業の事業活動の機会の確保のための大企業者の事業活動の調整に関する法律」である。

（３）詳細は、第三節で説明する。

（４）詳細は、第三節で紹介する。

（５）第三節参照のこと。

（６）今村『独占禁止法（新版）』五頁参照。

（７）松下教授の見解は次の諸論文に窺われる。「中小企業の分野調整と競争原理」経済法二二号一〇頁、

「中小企業分野調整法の法律問題」ジュリスト六二三号四〇頁、「中小企業事業分野調整法について」ジュリスト六四四号五五頁。
(8)「現代における中小企業と法」(2)(3)、法律時報四九巻三号一〇八頁、五号一二九頁。
(9)「中小企業の分野調整問題」企業法研究二五六輯二頁。
(10)「独禁法・分野調整法と中小企業政策」経済評論二六巻六号四二頁、「大企業との分野調整は有効か」エコノミスト一九七五年一一月一一日号四〇頁、『寡占体制と中小企業』二〇〇頁。
(11)『「生業権」ということ」法と民主主義一二五号二頁。
(12)「中小企業問題―大規模小売店舗の進出問題」ジュリスト六二八号六一頁、「小売関係二法改正の問題点」ジュリスト六六九号五〇頁。
(13)「大型小売店の進出と地域社会」『地域主義のすすめ』一九五頁、『流通戦国時代』三五頁、一七二頁。
(14)「『分野調整法』は何をもたらすか―新たな構造政策のテコに」エコノミスト一九七七年六月一〇日号一一六頁。
(15)詳しくは、第三節で説明する。
(16)「弱者救済と競争促進政策」東洋経済昭和五一年八月二一日号四八頁。
(17)「忍び寄る国家社会主義の足音―分野調整法この危険な結末」ダイヤモンド一九七六年六月二六日号三八頁。
(18)レプケの立場は、『キヴィタス・フマーナ』(Civitas Humana)〔邦訳は、喜多村浩訳『ヒューマニズムの経済学』〕、『自由社会の経済学』〔西村光夫訳で邦訳されている〕の中に窺われる。

(19) この点については、野尻武敏「新自由主義の経済秩序と経済政策」経済論壇一八巻九号一九頁、同「『人間の国』の条件―新自由主義をめぐって」『テロ・革命思想および自由』一七五頁を参照のこと。
(20) 前掲「ヒューマニズムの経済学」邦訳書一三頁。
(21) 前掲・邦訳書二五六頁。
(22) 前掲・邦訳書二一八頁。
(23) 前掲・邦訳書二五六頁。
(24) 前掲・邦訳書二七〇頁。
(25) 前掲・邦訳書二九七頁。
(26) 前掲・邦訳書二九八頁。
(27) 前掲・邦訳書六一頁―六二頁。
(28) 前掲・邦訳書五三頁―六七頁。
(29) 前掲・邦訳書六三頁。
(30) 今村『独占禁止法（新版）』八三頁参照。
(31) 昭和三二年二月四日独占禁止法審議会の答申の考え方。
(32) 前掲『ヒューマニズムの経済学』邦訳書五三頁―六七頁。
(33) 『大転換』邦訳書九一頁。
(34) 前掲・邦訳書一八一頁。
(35) シューマッハーの見解は、『人間復興の経済』、『混迷の時代を超えて』、『宴のあとの経済学』等に窺われる。

(36)「国民経済における中小経営」ORDO I S.155.

(37) 前掲『人間復興の経済』一一一頁。

第6章　大規模小売店舗法の社会的役割
―調整原理に支えられた競争を―

第一節　はじめに

経済活動に対する規制緩和を検討している政府の行政改革委員会・規制緩和小委員会は、平成七年末に最終報告書を答申しているが、この中で焦点の一つとなっていた大規模小売店舗法（大店法）に関しては「当面存続・将来的には廃止」という方針を示した。当初の情勢では、大店法は即時に廃止する、という議論が罷り通っていると仄聞し大いに憂慮していたが、これが回避され一応は安堵している。しかし、米政府は、平成七年一一月、大店法を二〇〇〇度末までに段階的に廃止するよう要望書を日本政府に提出していた。そして、日米の大店法協議が、平成八年一一月七日、ジュネーブの世界貿易機関（ＷＴＯ）本部で開始された。ＷＴＯに提訴した米側は、大店法など小売りに関する日本の八つの法律がＷＴＯルールのサービス協定に違反すると主張しているが、日本政府当局者は、圧力に屈することなく、毅然とした態度で協議に臨むべきである。

日本と米国の大店法に対する見方が異なるのは、市場経済・市場メカニズムに対する信頼度の濃淡、および固有の社会哲学における差異に起因しており、最早融和の余地はないであろう。米国のように市場原理に経済活動の調整を全面的にゆだねる発想に落とし穴が潜んでいないかどうか、取り返しのつかない事態に至る前に、「市場経済」の本質を掘り下げて考察してみるべきである。その前提として、「企業」の営利性と公共性について検討する。

第二節　企業の営利性と公共性

「企業」は営利追求のためにどのようなことでも自由になしうるのか、それとも制約が課せられているのかの検討は、大資本による市場の独占を許容するか否かに通ずる検討事項であり、大店法による大資本による大型店舗の出店規制の可否にも及ぶ問題である。

企業を経済的側面から分析すると、企業とは、資本と労力を結合させ、利潤の獲得をめざす経済主体である、ということができる。企業がその行動規範として、利潤最大化仮説によって活動するか、それとも売上高極大化仮説によって活動するか論争があるが、私見では、より多くの資本と労力を調達し、企業規模の拡大をめざすという点で、最適企業規模の達成を目的にしていると考える。企業規模の極大化ではなく、その産業における適正規模の企業を目指すものであり、企業規模が大きい程よろしいというわけではない。

この点は個人的立場（資本家あるいは企業家）からみた企業の経済的機能であるが、企業の社会的立場からみた経済的機能の検討も重要である。すなわち、企業は資本家個人の私的な営利目的を越えた社会的使命を持っているかもしれないからである。

現在では、「会社をめぐる宇宙」（corporate universe）という概念が広範囲に受け入れられている。会社法の前提では、株主が企業の構成員であり所有者でもあるという社員権理論が通説であるが、企業が様々な次元で外部世界と接触を持っていることは否定できない。たとえば、会社債権者、従業員、地域住民、地方自治体、国家等である。したがって、企業の得る成果は、すべてが企業自身に発するものではない。ましてや株主の出資した元手（資本）にすべての経済的成果が還元できるものではない。企業の立地には道路網、電信電話、港湾、空港等のインフラストラクチャアの形成を欠くことはできない。そのために、国家の財政・金融政策が企業のために活用・発動されている。したがって、企業は一つの経済的な「公器」としての性格を持っていることを否定することはできないのである。

このように考えてくると、商法の定める企業の「営利性」と現実の経済社会における企業の「公共性」とはどのように折り合いをつけるべきか問題が生ずる。商法は企業に関する私法(企業法)であり、契約の自由と私的自治の原則が支配する法領域である。商法それ自体としては、個体間(株主や会社債権者)の利益の調整を目的とする。

それに対して、企業の公的側面を取り扱う公私混合法として「経済法」という法領域がある。経済法学者の金沢良雄教授は、経済法について、市民社会における具体的な社会調和的要求を満たすために、一定の政策的意図のもとに、国民経済的立場から調整を図るものである、と定義している。

企業の「営利性」と「公共性」について論ずる際には、ミクロ的な視点とマクロ的な視点の複眼的な考察が要求される。まず、近代市民法における企業の営利性は、営利追求の自由、すなわち自由企業体制の容認として理解される。近代市民法(民商法とりわけ会社法)は、この自由企業体制を法的に確立したものに他ならない。すなわち、市民法は、自由企業体制を成り立たせるための法的秩序を意味している。しかし、営利の追求を通じて、経済全体の繁栄がもたらされるという点では、企業の「公共性」が「営利性」の背後に予定されていた。有名な「神の見えざる手」がそれに該当する。すなわち、企業における公共性は、法の意識にはのぼらず、市民法の自動的反射効果として予定されていたにすぎないのであり、法的にはまったくの空白状態にあった、と言える。

しかし、資本主義経済の高度化に伴ない様々な矛盾が明らかになった。いままで潜在化されていた「公共性」を顕在化するための要求が、従来の法的空白状態を充たすべき新たな実定法の登場を促し、社会調和的要求を満たす国家の経済に対する干渉の法が、「国家の見える手」として登場したのであり、ここに「経済法」という一群の法領域の発生・発展をみることになったのである。

この点についてまとめると、近代市民法における公共的な側面は、「見えざる手」による調和と繁栄がもたらされるとして、法的には空白状態であり、市場の自動調節的作用に委ねられた予定調和の世界であって、宗教的には理神論（神を世界の創造者とみなすが、創造後は世界は神から独立して自己展開するという合理主義的宗教観）が前提となっていた。

しかし、資本主義経済の発展過程で生ずる現実的な社会的要求を充たすためには、この法的空白を満たす必要が生じ、ここに国家の干渉を必要とする段階に至った。社会調和的要求は、「見えざる手」としての市場法則によっては最早達成されることができず、現実の「国家の見える手」によって満たされなければならないのであって、それは、経済的には総資本＝国民経済的立場からの国家の経済政策として現れてくる。

経済法は、近代市民法によって残されていた法的空白状態を補うためのものであり、市民社会の私的側面に対して、そこに内蔵されていたと考えられる公共的（社会的）側面に関する法であり、このような本質のうえに、経済的＝社会調和的要求に応ずるもの、すなわち、主として、経済循環に関連して生ずる矛盾・困難（市民法による自動的調節作用の限界）を、社会調和的に解決するためのものとして理解される。簡潔には、経済法は、資本主義社会において、それぞれの経済的＝社会調和的要求を、「国家の手」（「神の見えざる手」の代り）によって満たすための法と言える。

第三節　経済法としての大店法

大店法は、中小企業政策として、中小小売業の事業活動を適正に確保するために、大規模小売店舗における小売業の事業活動を調整することを目的とする法律であり、「経済法」であることに違いはない。しかし、経済法学や流通論の見地から、大店法は独占禁止法（独禁法）の前提としている競争原理に違背しているのではないか、という批判にさらされてきた。それは、大店法が規定する中小小売業の事業活動の機会を適正に確保するための「調整」が、他方で、独禁法で規定する「競争原理」に抵触するおそれのある新規参入規制と解される余地が多分に存在するからであろう。

しかし、私見では、大店法は決して独禁法の精神である「競争原理」に違背するものではなく、競争原理を補完する別の原理を包含することによって、独禁法を補完する法律となっている、と考える。たしかに独禁法の前提とする自由競争原理は達成されることが望ましいが、その反面で、社会と絶えず激しく衝突を繰り返すおそれがある点を忘れてはならない。社会にとって何よりも耐え難いのは、従来まで安定していた社会的統合が破壊に瀕する事態が発生することである。ここに、社会の統合を防御するためには、競争原理とは一見対立するものの如く思われる社会性原理（あるいは人間性原理）に支えられてこそ、競争原理の作用も万全となりうるとする社会思想が誕生するのである。第二次大戦後の西ドイツの経済政策である社会的市場経済（Soziale Marktwirtschaft）の形成に大きく寄与したヴィルヘルム・レプケ（Wilhelm Röpke）の見解がそれであり、後に詳しく紹介する。

競争原理は社会の発展を飛躍的にもたらす反面において、社会に常に動揺をもたらすので、社会の安定が確保される場合にこそ、その真価を発揮しうるのである。したがって、競争の過度の展開が社会的統合を破壊するおそれがあるときには、社会性原理が作動するのであり、小売商業調整の場合がその一つの典型であろう。

小売商業における調整は、競争原理を排斥するものではなくて、その有効性を増すためにこそ、かえって実施されなければならないのである。独禁法による競争政策は、その意味では産業政策としての中小企業政策の裏打ちを必要とする。ここでの中小企業政策とは、産業構造政策としての中小企業政策よりも、企業規模構造政策としての中小企業政策を意味する。また、企業規模構造政策としての中小企業政策は、中産階層政策の一環としても展開される。

我が国のような自由で民主的な社会の形成・維持を国是とする場合は、社会的統合を維持するためには、その中核である中間階層の維持・育成こそが最も肝要であり、中産階層政策としての企業規模構造政策がこれまで十分に論じられてこなかったことが、競争政策と小売商業調整に関する議論を貧弱にしてきたのではないか、と推測する。本稿では、企業規模構造政策という視点を導入することで、疑問点をできる限り明瞭にする。

独禁法と大店法との関係について、すなわち競争原理と調整原理との抵触問題について、最も好意的な立論を表明されたのは、清成忠男法政大学教授と杉岡碩夫中央大学教授である。清成忠男教授の見解（「中小企業問題—大規模小売店舗の進出問題—」ジュリスト六二八号六一頁、「小売関係二法改正の問題点」ジュリスト六六九号五〇頁）では、大店法による調整問題の本質は、新たな地域社会の構築に向けた、市場経済の次元での流通問題を超えた地域住民のトータルな生活にかかわる問題であり、従来、独禁法の理論的支柱であった産業組織論的アプローチでは不十分である、と認識されている。

小売業は、地域産業（その都市に住む人々をマーケットとして成立している産業）であり、消費者は具体的地域住民として存在しているのであるから、地域住民のトータルな生活という立場から小売業の市場成果を問わなければならない。大規模店進出のコストとベネフィット（利益）を考える際には、小売段階での一時的な価格効果ではなく、長期的視点に立ったトータル・ウェルフェア（生活全般における福利厚生）のコストを考慮する必要がある。

また、消費という活動は、トータルな人間生活のごく一部にしかすぎない点に留意されるべきである。市場経済の進展は、しっかりとした都市計画が出来上っていないと、無秩序な都市化をおし進め、総じて生活環境を悪化させるのであり、地域社会を解体させ、大きな都市空間を砂漠化させるとともに、個人を市場においてのみかかわりあう原子的な存在に変えてしまう。現在では、都心にある魚屋、八百屋、肉屋などの小規模店が廃業することで消防団員のなり手もいなくなり、祭りをしようにもみこしの担ぎ手が集まらないなど地域の空洞化が急速に進んでいる。

そもそも、経済は人間の社会生活にとってサブシステムにしかすぎないが、自動調整的市場メカニズムのもとで無秩序な自己発展を続けていくから、あるべき姿の社会を維持するためには、社会は市場をその本来所属する場所に閉じ込めなければならない。このことは土地の利用についても妥当する。土地利用も市場メカニズムのもとで歪曲されざるをえないのであり、商業施設の集積は、地価の上昇、混雑現象をもたらし、公共投資の不足と相俟って、生活環境の悪化、住民負担の増加を招く。社会は、この因果関係の展開に歯止めをかけなければならないが、大店法は客観的に考えると、この事態に歯止めをかける効果を有している。したがって、清成教授は、結果的に、地域計画策定までの経過的な措置として、大店法を活用することを提案している。また、杉岡碩夫教授も同様に、流通政策における地域主義の採用を提唱され、街づくりの観点から大店法をみなおすことを強調されている(「大型小売店の進出と地域社会」『地域主義のすすめ』一九五頁)。

第四節　競争原理と調整原理の抵触問題

ここで独禁法の定める競争原理と大店法の定める調整原理が抵触するものであるかどうかについて、実定法上の取扱いを瞥見することも必要であろう。独禁法は第一条でその目的を、①公正かつ自由な競争を促進し、②もって一般消費者の利益を確保するとともに、③国民経済の民主的で健全な発達を促進することとしている。これに対して、大店法は第一条でその目的を、㋑消費者の利益の保護に配慮しつつ、㋺大規模小売店舗における小売業の事業活動を調整することにより、その周辺の中小小売業の事業活動を適正に確保し、㋩もって国民経済の健全な進展に資することとしている。

そうすると、②とⓘ、および③とⓗはほぼ同じ意味であるから、問題は①とⓡがそごをきたしているかである。まず、①の競争原理とⓡの調整原理が抵触しているのではないかという疑念が生じうる理由の一つは、独禁法と大店法の法体系上の地位に関する誤解から生じているように思われる。独禁法は、俗に「経済憲法」と呼ばれることがあるが、その法体系上の地位は単なる法律にしか過ぎないのであって、この点は大店法と異ならず特に上位の立場にあるわけでない。しかしながら、独禁法は何かしら経済秩序の根本を定める特別の法であるが如き感情が一般に持たれていることは事実である。このような錯覚は、特に公正取引委員会の審決や裁判所の判決に窺われるようである。

また、通説的見解では、独禁法は自由競争経済秩序の維持を目的とするから、①の「公正かつ自由な競争」を促進することで、直ちに②と③を満たすと考えられている。他方で、③が目的であって、その実現にあたって①と②が考慮されると考える異論もある。国民経済全体の利益をもって「公共の利益」と考えて、自由競争秩序を維持することが即「公共の利益」に該当するという考え方は狭きに失する、と考えるからである。

私は、この点については後者の見解が妥当ではないかと考えている。競争秩序の確立は経済秩序全体にとっては一つの分岐に過ぎないからである。後に説明するレプケの提言は、経済改革・社会改革プログラムにおいて、真の経済秩序の確立のために反独占政策を掲げるとともに、積極的経済政策、構造政策、社会政策を挙げている。すなわち、競争秩序維持政策は一元論として唯我独尊的に主張されてはならないのであって、構造政策や社会政策も考慮に入れられなければならない。それ故に、競争原理・競争政策と調整原理・調整政策は対等の立場にある相互補完的なものとして二元論が採用されるべきである。そして、大店法の適用法域においては、専ら大店法のみが適用されるのである。

従来、我が国では構造政策というと産業構造政策のみが取り扱われてきた。しかし、西ドイツにおいては、構造政策（Strukturpolitik）は、地域構造政策、産業構造政策、企業規模構造政策および所得・財産構造政策の四つの領域において実施され、資源等の配分を市場機構にまかせないで、一定の方向に傾斜させることが目論まれてきた。今までも頻繁に出て来た企業規模構造政策が独禁法を支える産業組織政策を意味するものでないことは当然のことであり、我が国においても、構造政策を整合的に検討して実行にかかる時期が既に始まっていたのであって、それが一九七〇年代後半における大店法の改正と分野調整法の制定であったと思われる。

しかし、大店法や分野調整法が時限立法であるとか、地域計画策定までの経過的な措置であるとかの「予言」は物の見事にはずれたのであり、「企業規模構造政策のための恒久法」という私の指摘のみが的を射ていたといえる（拙稿「競争原理と中小企業法制」富大経済論集二七巻三号二四頁、一九八二年三月）。（本書第5章）。

第五節　（追補）大店立地法（大店法の廃止）と都市計画法の改正

第一四二通常国会において、大規模小売店舗法（大店法）が廃止され、それに替わるものとして、平成一〇年六月三日、大規模小売店舗立地法（法律九一号）が制定され、また自治体が都市計画で大型店の出店を規制できる都市計画法の改正が、平成一〇年五月二九日、法律七九号として成立したので、「追補」として若干の考察をすることにする。

改正法の骨子は、これまで種類や目的が限られていた「特別用途地区」について、地元市町村が独自に用途規制を行えるように限定を外す、というものである。改正前の都市計画法では、市町村に「文教地区」などの特別用途地区を定め、たとえば、「文教地区」にはホテルや娯楽施設の立地を禁止するなどの用途規制を、条例により定めることを認めているが、特別用途地区の種類が一一に限られているうえ、用途規制もそれぞれの地区が持つ目的にしばられており、大型店舗を規制する目的で使うことは難しく、また、そのような発想自体がなされていなかった。

これに対して、改正法は、市町村が特別用途地区の用途や種類を独自に定めることを認めるが、その狙いは、大型店舗が出店できる地域とできない地域の区分け（ゾーニング）を、地元市町村が柔軟に行えるようにすることで、たとえば、市町村が「商店街を中心に中小商店が集まる街なみの形成をはかる」という目的で「中小小売店舗地区」を設定し、大型店舗の進出を規制できる点にあるという。大規模小売店舗法という中小企業政策における象徴的法律が廃止されることは悲しいことであるが、これに替わってドイツ的な都市計画法制が導入され、アメリカの後追いを拒絶したことでひとまず安心した思いである。

大店法と都市計画法の関連は、昭和五二年に大店法が改正強化された際に、すでに論議されていた問題である。その強力な主唱者は清成忠男法政大学教授であった。清成教授は、大店法による調整問題の本質は、新たな地域社会の構築に向けた、市場経済の次元での流通問題を越えた地域住民のトータルな生活にかかわる問題である、と認識されていた。

清成教授の主張は以下のように要約できる。すなわち、小売業は、地域産業（その都市に住む人々をマーケットとして成立している産業）であり、消費者は具体的地域住民として存在している。また、消費という活動は、トータルな人間生活のごく一部の側面にすぎないのであり、地域住民のトータルな生活という立場から小売業のパフォーマンスを問わなければならない。大規模店進出のコストとベネフィットを考える際において、小売段階での一時的な価格効果ではなく、長期的な視点に立ったトータル・ウェルフェアのコストを考慮する必要がある。

市場経済の発展は、無秩序な都市化をおし進め、総じて生活環境を悪化させるのであり、地域社会を解体させ、大きな都市空間を砂漠化させるとともに、個人を市場においてのみかかわりあう原子的な存在に変えてしまう。そもそも、経済は人間の社会的生活にとってはサブ・システムにしかすぎないが、自動調整的市場メカニズムのもとで無秩序な自己発展を続けていくから、社会は市場をその本来所属する場所に閉じ込めなければならない。このことは土地の利用についても妥当する。

土地利用も市場メカニズムのもとで歪曲されざるを得ないのであり、商業施設の集積は、地価の上昇、混雑現象をもたらし、公共投資の不足とあいまって、生活環境の悪化、住民負担の増加を招く。社会は、この因果関係の展開に歯止めをかけなければならないが、大店法は、客観的に考えると、この事態に歯止めをかける効果を有する。したがって、清成忠男教授は、結果的に、地域計画策定までの経過的な措置として、大店法を活用することを提案していた。

また、杉岡碩夫中央大学教授も同様に、流通政策における地域主義の採用を提唱され、街づくりの観点から大店法を見直すことを強調されていた。

清成忠男教授や杉岡碩夫教授の提唱していた街づくりの観点からする大店法の見直し論が、今般の都市計画法の改正に影響を及ぼしていると考えても誤りではないであろう。

大店法が実質的に担っていた地域政策の策定という機能が都市計画法の改正によって直接的に実現

するとしても、大店法が担っていた他の機能は、その廃止によって失効することになってしまうおそれがある。

私は、大店法は我が国における中産階層政策の役割を担っており、また企業規模構造政策を実現するものであると主張してきた。今回の都市計画法の改正と大店法の廃止（大店立地法の制定）によって、地域構造政策の役割は引き継がれるとしても、それだけでは大店法が廃止されるデメリットをすべてカバーすることができない。中産階層政策の維持は是非必要であると思う。

従来、我が国では、構造政策という と産業構造政策、いわゆる高度化ないし近代化政策に重点が置かれていたが、その他にも、地域構造政策、所得・財産構造政策および企業規模構造政策があり、とりわけドイツ連邦共和国ではその重要性が早くから認識されていた。清成忠男教授が地域構造政策の視点から、大店法の立法趣旨を理解されていたことは明白であった。

私見は、地域構造政策だけではなく、企業規模構造政策の視点からも、大店法の立法趣旨を理解してきたものである。その骨子は、第二次大戦後の西ドイツにおける社会的市場経済という経済体制の理論的支柱であるヴィルヘルム・レプケ（Wilhelm Röpke）の思想に基づくものであって、小売商業における「調整」は、中小小売業者と大規模小売業者間における経済力の格差という点に着目した企業規模構造政策の適用である、と考えるものである。また、「調整」とは、レプケの考えでは、自由競争の弊害を除去し、その有効性を増すために行われるのであって、大店法の規定する調整の原理は中産階層政策ひいては企業規模構造政策の観点からは是認できる、と評価することが妥当であると思う。

したがって、都市計画法の改正によって、旧大店法の担っていた地域構造政策の面は代替されるとしても、中産階層政策の役割は補充されない。そのため、都市計画法の改正だけではなく商店街の振興も同時に取り組まなければならないのであり、これが新たに制定された大規模小売店舗立地法の立法趣旨であると思う。結局、政府は整合性をもって小売業に関する施策を引き続き展開することが要求されている。

第一四二回通常国会

大規模小売店舗立地法案　提案理由

大規模小売店舗立地法案につきまして、その提案理由及び要旨を御説明申し上げます。

我が国の小売業は、需要面ではモータリゼーションの急速な進展と消費者の生活様式の変化により、また供給面では新たな業態の急速な成長等を背景に、大きな構造的変化を遂げつつあります。こうした中、単に規模の経済を追求するよりも、魅力ある商業集積の構築や情報化・システム化を進めることが小売業の競争上重要になっています。

一方で、周辺の地域住民を主要な顧客とし、地域密着性が高いという特徴を有する小売業が健全な発展を図るためには、地域社会との融和が極めて重要であり、特に、近年、大規模小売店舗の立地に伴う交通渋滞や騒音等の社会的問題への対応について要請が高まっています。

これらを背景に、事業活動の調整を行う現行制度の限界が指摘されており、社会的問題に対応し、新たな実効性ある措置を講ずることが必要となっております。

以上のような観点から、大規模小売店舗の設置者がその周辺の地域の生活環境の保持のための適正な配慮を行うことを確保することにより、小売業の健全な発達を図るべく、店舗の新増設に際し、都道府県等が生活環境の保持の見地から意見を述べるための手続等を定めるとともに、その意見を反映させるための措置を講ずるため、今般、本法案を提案した次第であります。

次に、本法案の要旨を御説明申し上げます。

第一に、通商産業大臣は、大規模小売店舗の立地に関し、その周辺の地域の生活環境の保持を通じた小売業の健全な発達を図る観点から、大規模小売店舗を設置する者が配慮すべき事項について指針を定めることとしております。

第二に、大規模小売店舗の設置者が店舗を新増設する場合には、大規模小売店舗の施設の配置や運営方法等について都道府県等に届出を行い、その内容を周知させる説明会を開催することとしております。

第三に、この届出内容について、市町村、地域住民、事業者、商工会議所又は商工会その他の団体等は、都道府県等に意見を述べることができることとしております。都道府県等は、これらの意見に配意するとともに、指針を勘案しつつ、大規模小売店舗の設置者に対し、その周辺の地域の生活環境の保持の見地からの意見を述べることができることとしております。

第四に、これに対する大規模小売店舗の設置者の対応が、都道府県等の意見を適正に反映しておらず、その周辺の地域の生活環境に著しい悪影響を及ぼす事態の発生を回避することが困難と認められるときは、都道府県等は、市町村の意見を聴き、指針を勘案しつつ、大規模小売店舗の設置者に対し、必要な措置をとるよう勧告できることとしております。さらに、正当な理由がなく、設置者が勧告に従わなかったときは、その旨を公表することができることとしております。

なお、このような新たな実効性ある制度が施行されることに伴い、現行の「大規模小売店舗における小売業の事業活動の調整に関する法律」は、本法で廃止することとしております。

以上が本法案の提案理由及びその要旨であります。

何とぞ、慎重御審議の上、御賛同くださいますようお願い申し上げます。

対談——調整原理の視点を欠く大店法改廃論

聞き手——内橋克人（うちはし・かつと）

経済評論家。１９３２年神戸生まれ。著書に『匠の時代』『幻想の技術一流国ニッポン』など多数。『共生の大地』では、多元的経済社会論を提示。『規制緩和という悪夢』（共著）では市場競争至上主義に警鐘をならしている。

内橋　いま進みつつある規制緩和プログラムの本質は、大店法（大規模小売店舗法）の改正・廃止問題によく現われていると思います。

この法律は単に中小小売店を巨大流通資本の攻撃から守る、というだけでなく、これまで住民・市民を排除して、行政が独裁的に進めてきた街づくりに何らかの形で住民が発言できる手段でもあり、日本では珍しい調整法として機能してきたと思います。

「力の大小の競争」でなく「大と小の間の公正な競争」を制度的にどう保証していくのか。市場経済にとって最も重要な意味を持っていることはいうまでもないところですが、その大店法がアメリカの強い圧力、それに呼応する日本の一部学者らによって弊履のごとく廃棄されようとしています。

巨大なるものの手足を縛り、逆に小なるものに新たなビジネス・チャンスを与える、というのが、本来の規制緩和の意味なのであり、日本の規制緩和論者らにとって教科書であるアメリカでの規制緩和も、少なくとも初期の時代はまさにこうした原則を墨守しながら進められました。

私の知るところ、アメリカでは一九七八年の航空自由化に先だって同じ「空の自由化」として宇宙衛星利用の自由化が行われております。もともと軍事用に上げた衛星を民間に開放し、それまで巨大資本のＡＴ＆Ｔのほとんど独占となっていたテレ・コミュニケーション（電話通信）市場に、まったく新たな手法である衛星通信による競争を持ち込みました。

このとき、何が行われたか、といえば、一定期間、この新しい通信手段の利用を巨大資本のAT&Tには禁じ、代わって中小の新興通信ベンチャー企業にだけ機会を与える、ということをやったわけです。そればかりでなくAT&T分割の期限も設定しました。

結果においてテレ・コミュニケーション市場に新しい次元の競争が生まれ、今日のイノベーション(技術革新)、ひいては市場の活性化につながっていったわけです。

翻って日本では全く逆に、大と小の間のゲートを取っ払うばかりでなく、「大なるもの」にさらに〝やりたい放題やらせる〟ことが規制緩和だという錯覚がまかり通っているのではないでしょうか。〝スリ替えられた規制緩和〟と私がいっているゆえんです。

大野さんは経済法の専門家として、これまで一貫して「大店法廃止に反対する」と表明され、改廃を要求しているアメリカに対しても「日本政府は毅然として日米協議に臨め」と主張してこられました。

まず大店法のもつ経済的、社会的意味から、なぜ廃止すべきではないのか、お話し頂きたいと思います。

競争原理と調整原理

大野　一九七九年に行われた経済法学会のシンポジウムは、当時大企業が中小企業分野に進出するという形で問題になっていましたので、「中小企業法制と競争秩序」というテーマで大規模小売店舗法の改正と分野調整法の問題をめぐって議論をしました。そこでは、調整と競争原理が相反するものであるか否かということが、理論的にはいちばん議論になりました。

競争原理は、日本の暗黒大陸といわれた流通界を活発化するが、それによって中小小売店舗が消滅するという場合には、何らかの調整をはかる。こうした発想で、きわめて中小企業サイドに立った法律改正がなされてきたわけです。しかし、それが時代の変遷とともに今日では逆に規制緩和が叫ばれている。

私が非常に問題だと考えているのは、一九七九年の経済法学会の後に根本的な議論をしてこなかったということです。

私は経済法学会でも、流通問題としてだけではなく、中小小売店舗が消滅するということがはたして国民経済全体の立場に立って好ましいことなのかどうかを議論すべきであると主張してきました。

つまり、単に大型店の流通という側面における競争原理の導入に止まらない問題があるというふうに言ってきたのです。これに対して調整原理に基づいた立法は国家社会主義の道を歩むものであるとか、中小小売店舗が主張することは、ひとつの劣情である、わからないことはないけれども、志がよくない、という議論がなされました。企業には適正な規模があるのではないかどか、地域社会にどのような影響を及ぼすのかということを問うたうえで、大型店の出店について調整を行うことが必要だということは、みんなある程度わかっているのですが、いまから考えてみますと徹底的な議論が不足してきたと思います。

競争原理は調整原理に支えられてこそはじめてその役目を果たすことができる。近代市民法――民法や商法のことですが――というのは、私的自治とか営利追求の自由、契約の自由を定めることで、それ以前の身分によって縛られていた時代を終わらせて、契約による時代をもたらしたという画期的な意味があります。一九世紀初頭につくられたフランスのナポレオン法典がいまでも現行法として生きているということからも、封建時代から近代へかけてそのような近代市民法が果たした役割は大きかったのです。しかし、問題は、個々の企業が営利の追求を行う場合、経済全体の繁栄がもたらされるかどうか、公共性を満たすことができるかという点について、「神の見えざる手」しかなかったことです。つまり、近代市民法には営利の自由はあるけれども、各企業が行う営利事業が全体としての経済に好ましい効果を及ぼすかどうかについては法律的には空白です。当時は神の見えざる手を信じていた、牧歌的な時代だったわけです。

ところが、一九世紀後半からの資本主義の高度化によってそのような牧歌的な予定調和ではうまく経済全体の繁栄、公共性を満たすことはできないということが明らかになってくる。そこで経済法が出てくるわけです。そればかりではなく、社会法――経済法、消費者保護法、労働法、社会保障法の大きく四つの分野に分かれています――が、市場経済によって痛みを被る人々を救済するために生まれてきたわけです。つまり、それまでは社会調和的要求が満たされるかどうかは法的には空白状態であったものが、現実の国家の見える手によって満たされるということになったのです。

簡単にいえば、夜警国家観の時代から、国家が介入していく時代へと一九世紀末以降移っていく。典型的には、一八九〇年の独禁法、つまりシャーマン法ですが、反トラスト法。ドイツでは二〇世紀のワイマール共和国下の経済政策。最初、競争原理だけでよろしいというふうに考えられていたのが、後には調整原理が必要だということになった。大規模小売店法や分野調整法が出てきたのには、こういう事情と同様の背景があったのです。

内橋　大野さんが指摘してこられた「大店法は地域社会の分散化を防ぎ、社会的統合を達成するという意味を負託されている」という重要な認識は、いま規制緩和一辺倒論の経済学者には、残念ながら、全く欠落しているところだと思います。同時に、いま指摘された調整原理という視点こそ、これからますます重要になってくるのではないでしょうか。

規制緩和論者のなかには、地球・環境資源の最適配分を実現するためにも市場原理に任せることが重要だ、と堂々と主張する人がいるくらいだからです。

市場原理に任せた結果、今日の危機的な環境破壊、資源の浪費があったという当り前の現実を、どうして認めようとしないのか、私には不思議でしょうがない。

こうしたことの結果、私たちの身の回りで人間の生存条件、社会的共通資本がつぎつぎに食い潰されていっているわけですね。

会社は誰のものか

大野 企業を法律的な側面から見ていて思うことは、我々は会社をある程度の面積をもった面としてとらえているということです。つまり、会社法の対象は株主であれ、取締役であれ、ふつうは会社債権者までなんですが、そのほかにもステーク・ホルダーといって会社の従業員や地方自治体など、会社をめぐる世界に存在している人々を会社法の中に取り組んでいかなくてはいけない。単に会社経営者や株主だけではなくて、地域社会、地域共同体も視野に入ってくる。

ところが、経済のほうでは、会社は点でしかないのです。市場メカニズムが作用するかどうかというときに、結局、点として考えている。だから痛みを感じないのではないか。

つまり、会社をめぐるステーク・ホルダー、利害関係の範囲をいま広げるときにあるのかないのかという議論がなされていないですね。

内橋　日本企業の行動原理について根本的に見直す必要があるということを、私たちは一九八〇年代を通じてかなり大きな声で叫んできましたし、議論もしてきたわけです。

そういう意味では、いまおっしゃったステーク・ホルダーの解釈ひとつ、たとえば企業も市民社会の一員であるべきだ、とか、したがって地域社会もまたステーク・ホルダーの一つなんだ、とか。いまでいうメセナやフィランスロピー、あるいは企業の社会的責任などが、まだまだ言葉としてさえ登場していない時代から、私たちは唱えてきたわけですよ。

そのようにしてようやく企業行動についての社会的合意のようなものも生まれはじめ、公害などが契機の企業糾弾時代から次のちょっと新しい企業観の時代へ、と日本社会も一歩を進み得た、と思えるような実感がありましたね。

ところが、一転してバブルがあり、その崩壊後に当然とはいえ不況がきて、日本経済の競争力が衰弱してきた、さあたいへん、という雰囲気のもとで、すべては消し飛んでしまい、代わって奇妙な装いの市場原理至上主義がぼっ興し、世の中を被ってしまった、というのがこれまでの経緯です。

九〇年代不況という新たな現実を前にして、日本資本主義はまさに周章狼狽その極みに達してしまっているのでしょう。結果、八〇年代半ばをピークにそれまでなされてきた議論はすべて捨象され、雲散霧消してしまったようです。

そこへ、突如、アメリカの全てをモデルとみなす企業論が湧いて出て、ステーク・ホルダー論も、いつの間にか言葉を替えた株主見直し論に矮小化され、企業による利益追求競争の自由、その成果の株主への還元が最適資源配分を実現する道だ、などと説くものが世にあふれるようになった。議論の骨格は何か、といえば、古めかしい消費者主権論です。

消費者の利益というきわめて抽象的な、本来、存在するはずもない「消費者一般」を持ち出し、議論の基底に据え、なんでもそれで説明してしまう。現実に「消費者」なるものと住民・市民とが、巨大スーパーの町内への出店・立地をめぐって激しく対立するという時代を迎えているというのに、です。

企業会計をめぐる問題

大野 内橋さんがおっしゃったほかに、雇用の問題が商法学における議論として出てくる場合もあるんです。たとえばいま企業会計について、国際会計基準との整合性ということが言われ、現行の取得原価主義から時価主義、つまり時価変動会計の採用という流れが国際的に起こっている。もしアメリカのように時価主義を採用すると、景気のいいときは儲かり従業員を雇える。けれども、景気の悪いときは赤字となって、レイオフとか解雇が増える。取得原価主義をとっていれば、いままでは含み経営だとして批判されてきたけれども、赤字になったからと言って急に解雇するということはなかった。場合によっては含み資産を売ればいいということだった。ところが、もし国際会計基準を採用し、時価主義（時価変動会計）が導入された場合、解雇は容易に起こりうる話です。

もう一つは株主権の問題であって、会社は株主のものであるというのは、会社法学において「社員権理論」と言われ、通説です。それに対して先ほどいいましたように、会社をめぐるステーク・ホルダーを考慮していこうというのは、少数説ということになっています。私も基本的には通説の立場です。ただ、そうなると出てくるのが株主代表訴訟の脅威です。いま経済界は、平成五年改正で株主代表訴訟の手数料は八二〇〇〇円でよろしいことになったのを再度改めてほしい、という要望を出してくるわけです。こういう専門的な細かい点で我々は大企業の動向を見ている。もちろん中小企業は重要なんですが、商法学会において議論として出てくるかぎりにおいてはこの二つです。そういうものの議論が軽視されて、そのまま法案として成立するとたいへんなことになると思います。

内橋　生産性指標もまた大きすぎる意味を担わされています。たとえば巨大流通資本は生産性が高い。これに対して地域の専門店は生産性が低い。だから生産性の低いものを潰して、より生産性の高いものに集中していくことが日本全体の高コスト体質を解決し、国際競争力を高める道につながり、消費者の利益にもなるのだ、という。

最近では、既得権にあぐらをかきサービスの努力も工夫もしない既存商店街に同情するなど、もってのほか、というところまで議論はエスカレートしておりますね。

いったいこのような意味での生産性とは何か、については、当対談シリーズで二回にわたって触れてきましたので繰り返しませんが、労働生産性にしろ、資本生産性にしろ、それぞれの企業が行う資金調達のコスト、その大きな違いを生む「含み」の大小をどう考えるのか、という点を付け加えておく必要があると思います。

含み益の大きい大企業とそうでない中小企業の間で、資金調達コストは全く異なる。エクイティファイナンス（新株発行を伴う資本調達）ひとつ、中小・零細企業にやれるはずがない。大小間の生産性格差を、それぞれの前提条件を無視して持ち出し、万能の尺度にしてよいのか、ということです。

地価が高騰しつづければそうであるほど、大企業の含みは膨張し、それを担保に借り入れた資金、あるいはエクイティファイナンスによって調達する資金のコストは低下し、生産性はハネ上がる。ところが、日本全体、マクロでいえば、高騰する土地はマイホームを遠のかせ、稼ぎの大半を土地に食われる、というかたちで、土地を持たない人びとに経済の負担を強いてきた。

国全体のマクロでいえば、これほど巨大な非効率、非生産性はないはずですね。いったいどっちをみて、生産性の高い、低いを論じているのでしょうか。

理論崇拝の愚かさ

大野　経済学というのは、エコノミックスということなのでしょうけれど、もう一度、ポリティカル・エコノミーに変わる必要があるのではないか。いまこそこのことが問われているような気がしてならないのです。精緻な理論を立てて、所与の条件が揃えば完全競争に結びつくといったって、現実に全部の条件を満たすことは考えられない。

日本には、成立するはずのない条件を与件としてモデルをつくって遊んでいるというような暇が、経済学者にあるのでしょうかね。

内橋　そうですね。

大野　判例が出た場合、それを追っかける形で立法がなされるわけですが、そうした立法過程を——たとえば、法制審議会が出した民法改正案が通るか通らないかということを——われわれ法律学者はじっと見ているわけです。私は、まさにポリティカル・ジュリスプルデンス、政治法律学だといっているのですが、そういう形で生々しい議論も法律化しなければならない。それに比べると経済学者は、自分が何らかの政策形成にかかわっているにもかかわらず、その後の結果は知らないという。非常に無責任だと思います。

内橋　第二回に登場頂いた佐和隆光さんによれば、新古典派の理論に基づいた市場原理至上主義は、まだ一度も現実によって正しさが証明されたことはないということです。現実社会の行く末について、決定的な影響を与えようとしている規制緩和論者らが、自説がもたらす結果について検証の労をとった形跡すらうかがえない。私はこういう人を集めた審議会を軸に、政策が形成されていくというやり方が通用していること自体、不思議でなりません。

また一方、日本のそれは経済学ではなく、「経済学学」に堕していると斜されたのは都留重人氏ですが、生きた現実にはほとんど無関心で、内外で築かれた経済学ばかりを文献を介して一生懸命研究する。そういう系統の学者は、たいへん困ったことには、モデルでもって現実を律しようとする。自分の理屈に合わない現実が出てくると、現実のほうがまちがっているといい出す。今回の景気に関しても、夜明けは近い近いと叫び続けてきた著名なエコノミストは、実際に現実がそうならないと、現実がまちがっているという。

再販問題についても、公正取引委員会の再販問題検討小委員会でどんな議論が行われているかといえば、新聞や雑誌が文化だというのは、別のところで議論すればよいのであって、我々は独禁法をもっと整合性のあるすっきりしたものにしたい、という。商品の特性である文化や公共性というものは別のところで論じてくれ、といっているらしい。商品特性を離れた制度論争が、まるで社会的正義のようにまかり通ろうとしています。

大野　数理経済学を法律家が真似をするということがあります。たとえば、私より一〇歳以上若いある研究者が、特定のモデルを証券取引法に適用して「法と経済学」の論文を書いた。私は彼の報告を聞いたのですが、そのときに「もし君が考えている条件に合うものが変化した場合、新たに修正を加えてモデルをつくり直すことはできるのか」と質問したら、できないというんです。彼はそのモデルを経済学の先生と一緒に作り出したいという。経済学者にとって、とにかく一つの理論モデルをつくれば、二〇年も三〇年も食っていけるというようなものなんですね。

自分で作り直すことができない理論モデルを得意気に利用することは問題です。

法律学というのはかくあるべしという規範の面が強い。それは経済学とは決定的に違うのではないかと思います。

中小企業を救う適正技術

内橋 現実にはありもしない純粋競争を温室の中でモデルとして育てあげ、それで現実を律しようとする。逆立ちの議論が中心になってしまって、日本全体がそれに振り回されている状況と思います。

ところで、規模のメリットというのは、確かに経済学的には成り立つでしょうが、それには二つの前提が必要です。一つは大量生産、大量消費。私は短サイクル、大量廃棄と呼んでいますが、つまり、短いサイクルでつぎつぎモデルを変えて、買い換え需要の市場を創り出す。いわば虚の需要のサイクルをつくり出さなければ回転しない。もう一つの側面が、絶えず膨張し続けなければ成立しないということ。単なる規模のメリットではなく、膨張大量生産、膨張大量消費です。

私は、今日の日本経済の不況、景気低迷は、五〇年間にわたって日本企業社会が採用してきたこの二つの企業行動の結果が大きいと考えています。「短サイクル大量廃棄」と「膨張大量生産、膨張大量消費」というシステムがいま成り立たなくなってきたからこそ、いまの構造的な不況があるのであって、規制だけのせいではないのです。

大野 私の家は溶接業を営んでいて、父が亡くなった後、兄が継いでもう二〇年以上になります。E・F・シューマッハがいう「適正技術」や「中間技術」の良い例を私の実家が示していると思います。一つには、特殊溶接という分野です。ふつうの溶接技術というのは、鉄板と鉄板をくっつければいいのですが、父親が受け持ったのは、たとえば下水道の施設などで利用される、水に耐えなければならない溶接技術でした。もう一つは、スクリューです。スクリューを工作機械で削っていくときにひびが入ってしまった場合、もう一回合金の固まりからつくり直すのはたいへんな無駄だし、費用がかかる。そこでその合金と合金を溶接する技術を開発したわけです。ある程度の研究開発も、いくら中小企業だといってもしなくてはいけない。その結果、付加価値が高いものを作ることが可能となります。

大それたひとつの工場を要するまでもない単純な技術なんですが、それはまさに秘密ノウハウなのです。そういうものを開発した。

シューマッハは、新しい技術選択の基準として、小規模、簡素、安価な資本（資本節約的な方式）、非暴力（生態系の尊重）の四つを挙げて、人間の真の必要に近い適正技術（中間技術）の採用を提唱しています。

これを小売店舗について見てみると、一般の小売り店が、相当のロイヤリティを支払いながらコンビニエンス・ストアに変わるというようなことが考えられるかもしれません。巨大なスーパー・マーケットか、あるいはふつうの在来型の商店ではなく、まさにその中間を結ぶ流通のスタイルを編み出す必要があるのではないか。そうした代替策を出すことがいま問われているのであって、つぶせというのはあまりに残酷すぎます。

商店街の社会的役割

内橋　いま、既存の中小専門店が、現実に、どのような社会的な役割を担っているのか、またその役割を果たす際の効率はどうなのかということをきちんと議論しないといけないと思いますね。つぶれていく商店街は生産性が低いから仕方ないのであり、結局は巨大流通資本にシェアが集中していくのが社会全体の利益だ、などという議論が最終的に社会に何をもたらすのか。併せて考えなくてはいけない。

レスター・ブラウンのワールド・ウォッチ研究所の最新刊『どこまで消費すれば満足なのか』は、むしろアメリカの研究者の方が日本の小売り店を高く評価していることを示しています。資源や環境、生態系という視点から見たとき、日本の小売り店はたいへん高い役割を果している。私の解釈で申しますと、産業の基盤と生活の基盤がきちんと重なり合っているということです。商店街が残っている町では、どのようなお年寄りでも一日の生活に必要な用件は、徒歩や自転車を使って町内で果たすことができる。商店の経営者の生活とビジネスが同じ基盤にあるのと同時に、地域に住んでいる生活者自身もまたコミュニティの中で一日のニーズをすべて満たすことができる。こういうすぐれた商業の形態を、むしろ他の国もモデルにすべきであると。日本の学者が、アメリカからの規制緩和の圧力を受けて、いまのような議論を導き出しているのとは正反対に、物事を原点から、構造からきちんと見抜いていると思うのです。

小売り店がコミュニティを支えるというのは現実に行われていることです。私たちの町内でもそういうケースが頻繁にあります。電話ではありますが、いまだに御用聞きをやっている。八百屋さんや魚屋さんなどが、高齢化社会を支えているのです。お金は取らないけれども、自主的に地域全体で人間的なケアをしている。祭りがあれば神輿を担ぐ。地域社会というのは、商業的機能や（景観や清浄な空気といった環境を含む）社会的共通資本がすべてメッシュ状にクロスして重なりあったものです。けれども、こういうことはやればやるほど生産性にとってはマイナスになる。

私たちはもっと違った物差しをどうしてつくることができないのか。現実を見れば明快なことなのに、その現実を見ない。だからこそ新しい尺度が生まれてこないわけです。

大野　パパママストアが消滅するというけれども、もし後継者がいた場合、その人は地域社会において重要な役割を果していく。地域で商店を営む人は、単にモノを売るだけではなく、いろいろな地域階層を育てたことによって名誉ある地位を占めており、それによって生きがいを見いだしているわけです。

しかし、経営者が高齢化して、後継者がいないとたいへんです。後継者が続きうるように、企業が相続の際に消滅しないようにと考えているのです。

自営業衰退は何をもたらすのか

内橋　おっしゃるとおりですね。いまの物ごとの進み方からいきますと、自営業は全滅しますよ。日本人のすべてが一億総被雇用者にならなければ生きてはいけない。かつて農業で起こったこと、あるいはいま起こりつつあることが、日本社会のすべての自営業に起こると思います。その一つが商店であり、もう一つが町工場を含む中小零細企業です。現在の状況でいけば、巨大化した企業を除けば、中小零細企業が成り立つ条件は日本社会でどんどん失われていくでしょう。後継者難も確かにあるのですが、事業を支える社会的な基盤がほり崩されていく。だからこそ、結局後継者がいなくなるのです。魅力ある職場がどんどん消えてしまうわけです。

内航海運もその一つかもしれません。瀬戸内海には数多くの一杯船主がいます。船一艘だけの、家族で海上運送を行っている。こうした人々が、瀬戸内海航路の内航を支え、日本の物流を担ってきたわけです。しかし、いま、船腹総量調整制度が規制緩和の対象になり、同制度をつぶしてしまえと糾弾されている。もともとこの制度は、零細な内航海運業者が、巨大資本の荷主と対等に運賃の競争ができるように設けられた、まさに調整法です。これが攻撃を受けている。

小さいながらも船一杯もって、技術革新の流れに何とか沿いながらこれまで何とかやってきた。いま外航では、混乗船とか外国人に労働が奪われていますから、内航は辛うじて日本人が働ける海の職場であり得たわけですが、規制緩和が推し進められることで魅力ある職場がどんどん消えていく。こういう職業を継承させていくことが至難の技になってきているのです。

大野　競争原理と調整原理の二つの原理があるというのは、実は私がいいだしたことなのですが、ふつうの独禁法学者は、競争原理しかない一元論です。法律の規定で見ますと、公正な競争を促進し、自由な競争を確保するということがいちばん重要なこととなっている。そのほかに広くいろいろな立場から考えられるような調整は、公共の利益という形で把握できないこともないと思うんですが、実はほとんどが一元論で、競争原理しかない。だから二元論を採用して、そういう公共の利益の観点から調整が認められるんだというふうな解釈になるんでしょうか。その面においても日本はアメリカにくっつきすぎていて、ヨーロッパのような形の独禁法の運営を将来的に考えてほしいと思います。

もう一つは、ある程度自分の財産をもち職業に結びついているという中産階層――レプケは基幹家族といっています――が多数いることによって、自由でかつ民主的な社会の維持がはかれるという気がしてならないのです。ナチスの台頭は、没落した中産階級に支えられた。日本も自由で民主的な社会を維持していこうとするならば、広範囲な中間階層が必要です。広範な中産階層によって社会が維持されていくということが、再度取り組まれるべきだと思います。

内橋 おっしゃるとおりですね。戦前、中国侵略に日本を駆り立てた思想的な支援者は、中小企業や商店のオーナーたちであったという歴史もあるわけです。日本ファシズムの中核は、恐慌のもとで、追い詰められた中産階級であったことは事実ではないでしょうか。実際に一方に窮乏化した農村から満蒙開拓団があり、他方で都市において崩壊していく中小専門店のオーナーがいて、それが両輪となって軍閥支配を支えた。こういうことからしても、安定した自営の場を維持し、そのことによって将来を見通した生活をしていける、という人々が社会の中核となることはとても大事です。これを中産階級というとすれば、アメリカ社会では規制緩和の結果、そういう中産階級がどんどん崩壊していった。

大野さんのおっしゃる調整原理という思想が足蹴にされる結果、同じことがいま日本でも起ころうとしているのではないでしょうか。

大野　日本の官僚や民間企業の経営者は、所有に基づいていない。武蔵大学の西山忠範教授は、今日の大企業における経営者の基盤は、所有ではなく、占有に基づいているといっています。また中央大学の奥村宏教授は、以前から相互保有の問題に取り組まれてきましたね。

官僚や経営者たちは、自分の信念をもって仕事ができないというわけです。自分の所有物の上で働いている人たちは、自分の発言がもし社会的に攻撃を受けたとしても、信念を曲げずにいることができる。ところが、役人や大企業の世界では、仮に規制緩和に反対するなどといったら、即くびです。くびにならないまでも配置転換でどこへ行かされるかわからない。ふつうエリートというレッテルを大企業の経営者や官僚に与えているけれども、私は彼らはプロレタリアートだと思う。むしろ中産階層こそエリートなのであり、そういう人たちを真の意味においてブルジョア化したのです。

内橋　おっしゃるとおりですね。ダイエーの社員が規制緩和反対の論陣を張るわけにいかない。大店法改廃反対とはとてもいえない。少なくとも、誤った潮流が社会を押し流そうとしている時、それを押し止める力をもっているのは、被雇用者よりも、自分の職業そのものが利害をもつ、自立的な市民としての中産階級なのではないでしょうか。

経済法学会などの学会においては大野さんのような考えは少数派ですか。

調整＝共生原理を組み込む議論を

大野 独禁法の唱える競争原理と大規模小売店法や分野調整法に代表される調整原理という二つの原理を掲げる二元論は、まったくの少数派です。こういう二元論は東大出身の学者が支持しています。公正取引委員会は、経済法学会の実態が反映されていて一元論です。というのも、行政指導が産業政策の観点から入ってきた場合に、それがもし調整という形で競争原理と同じレベルで議論されるならば、結局公正取引委員会の存在意義が薄まってしまうからでしょう。

内橋 一般常識から余りにかけ離れたところで学問的な議論がなされていくので驚くことが数々あるのです。憲法についても憲法学会でどういう議論が主流になってきたかを最近になって知り驚愕しました。たとえば基本的人権をもつのは、呼吸する私たち人間、自然人だけではないという。企業もまた基本的人権が適用される主体であるという解釈が憲法学での主流なのだそうですね。では、企業の中で生きている一人ひとりのサラリーマンは一体どうなのかというと、基本的人権に関しては間接適用だという。直接的に基本的人権の適用を受けるのではない。こういった議論が主流だと聞いて、飛び上がるほどびっくりしました。

大野　八幡製鉄が自民党に献金したことについて、株主が代表訴訟を起こした八幡製鉄政治献金事件というのがあります。その昭和四五年の最高裁大法廷判決で、基本的人権の規定は法人にも適用されること、よって会社も政治的な活動を行う権利がある、とされたのです。

内橋　選挙権ももたない法人が政治献金をすることによってもう一つの選挙民集団をつくることをこの判決は認めているということですね。一人一票の選挙とはまったくかけ離れたところで抽象的な企業が選挙結果に重大な影響を与えるという機能を果している。そのことが民主的な社会のあり方の原理に背反していることは一目瞭然であるのに、自然人と法人がどちらも基本的人権をもっているという解釈を導き出している。政治献金がどのように民主社会を歪めていくかという視点は、どこにも存在していない。

大野　規制緩和をアメリカにならうんだったら、アメリカ法のように企業は政治献金ができないようにすべきです。ところが、だれかがつまみ食いだけしてくるわけでしょうね。アメリカでどういう議論がされていたのかをあまり紹介しないものですから、文脈が非常に歪曲されてしまうのですね。

内橋　経済学に対して経済学の外の分野から厳しい視線をそそぐのは大事なことだと思います。大野さんが展開なさっている競争原理と調整原理の二元論と偶然にも非常に似ているのですが、私は社会のあり方として競争セクターと共生セクターという考え方の重要性をいってきました。共生セクターの原理とは、統合です。他方の競争セクターの原理は分断です。消費者と生産者、都市と農村とを分断し、その真ん中にマーケットを置く。分割し、分断し、細分化し、その間の対立が激しければ激しいほどビジネスチャンスがふえるというのが競争セクターです。競争セクターだけで社会が成り立つという考えの浅薄さは、一元論が至るところで矛盾し、破滅し、破綻していることからも明らかです。生活協同組合や労働者協同組合にしても、まさに消費者と生産者の統合の場から新たな雇用のチャンスが生まれようとしているわけで、共生セクターがいかに社会の未来にとって大事かがわかります。競争セクターだけでいけば、いわゆる大競争時代イコール大失業時代の到来を避けることはできないでしょう。

ＩＯＬ自身、一〇億人分の新たな雇用を二〇世紀末までに創出できなければ再び世界に完全雇用はあり得ないと分析しています。しかも、その後、社会主義社会崩壊に伴って一九億人が資本主義市場経済のグラウンドになだれ込んできている。競争セクターだけでは、資本主義市場経済は成り立たないというところまできているのではないですか。ヨーロッパ社会はこうした視点をきちんと議論の中に収めているから、新たな社会的安定化装置を生み出し、それをきちんと組み込んでいこうと非常な努力をしている。日本社会は、そういう問題意識がまったく議論の中に入ってこない欠落状態のまま、二一世紀を迎える、という現実にあると思います。

一九九七年三月

【参考文献】※書籍のみ

今村成和（1978）『独占禁止法［新版］』有斐閣
岡野行秀・根岸 隆（1982）『公共経済学』有斐閣
Kenneth G. Elzinga and William Breit (1974) "The Antitrust Penalties; a study in law and economics", Yale University Press.
E. F. シューマッハー著、斉藤志郎訳（1979）『人間復興の経済（新訂版）』佑学社
杉岡碩夫（1976）『地域主義のすすめ―住民がつくる地域経済』東洋経済新報社
J. S. ベイン著、宮沢健一訳（1970）『産業組織論 上・下』丸善
カール・ポランニー著、吉沢英成・野口健彦・長尾史朗・杉村芳美（1975）『大転換―市場社会の形成と崩壊』東洋経済新報社
正田 彬（1974）『独占禁止法―新コンメンタール』日本評論社
W. レプケ著、喜多村浩訳（1984）『ヒューマニズムの経済学（第4刷）』勁草書房
W. レプケ著、西村光夫訳（1982）『自由社会の経済学』日本経済評論社

〈著者紹介〉

大野　正道（おおの　まさみち）

昭和24年　富山県生まれ
昭和47年　東京大学法学部卒業
平成16年　弁護士登録
平成20年　博士（法学）（筑波大学）
現在、筑波大学大学院ビジネス科学研究科企業法学専攻教授
［主要著書］
『企業承継法の理論Ⅰ』（平成23年　第一法規）
『企業承継法の理論Ⅱ』（平成23年　第一法規）
『企業承継法の理論Ⅲ』（平成23年　第一法規）
『非公開会社の法理』（平成19年　システムファイブ）
『中小会社法の研究』（平成9年　信山社）
『企業承継法の研究』（平成6年　信山社）
『非公開会社の実務と対策』（監修）（平成3年　第一法規）
『企業承継の実務と対策』（監修）（平成20年　第一法規）

2012年8月20日　第1刷発行

中小企業法制と競争・調整の原理
―中小企業法と大規模小売店舗立地規制―

©著　者　大野正道
発行者　脇坂康弘

〒113-0033 東京都文京区本郷3-38-1
発行所　株式会社　同友館
TEL.03(3813)3966
FAX.03(3818)2774
http://www.doyukan.co.jp/

落丁・乱丁本はお取り替えいたします。　西崎印刷／大日本印刷／東京美術紙工
ISBN 978-4-496-04903-3　Printed in Japan